50歳でも30歳でも3000万円つくれる35の法則

個人型 iDeCo 確定拠出年金で選ぶべきこの7本!

セゾン投信株式会社
代表取締役社長
中野晴啓

ビジネス社

はじめに

アメリカ人、ジョーンズさんのハッピーリタイア生活

ここに、アメリカ人のジョーンズさんという男性がいます。1957年生まれなので、今年で60歳、まもなく定年です。

日本人の多くはきっと、「アメリカ人って、転職ばかりしてるんじゃないの」というイメージが強いと思いますが、実はそうでもありません。ジョーンズさんは高校を卒業して、飛行機メーカーに就職し、工場で40年間勤め上げました。

工場勤務だったので、給料はそれほど多くはありません。ゴールドマンサックスとか、JPモルガンといった超有名投資銀行なんかに比べれば、微々たるものかもしれません。生涯の平均年収はだいたい5万ドルほどです。

ジョーンズさんは、日ごろ汗水たらして働いていたので、その昔、俳優のマイケル・ダグラスが主役を演じた映画『ウォール街』のように株の売り買いで手数料をとる、投資銀

行のような仕事に対して否定的でした。

でも、**今では投資に対してまったく違う印象を持っています。なぜなら、ジョーンズさんの老後が、投資によってバラ色になりつつあるからです。**

米国では、40歳以上の労働者に対して、年齢を理由にした就職差別は連邦法で禁止されています。つまり、60歳になったからといって定年で辞めさせることができません。だから、本人に働く意思があれば、そのまま働き続けることができるのです。

とはいえ、やはり60歳にもなると、そろそろ自分の老後のことが気になってきます。米国の公的年金の受給開始年齢は、日本同様65歳からです。

ジョーンズさんの老後のイメージは、65歳でリタイアし、あとはゴルフでもしながら悠々自適というものでしたが、そういう生活をするためには、先立つものが必要です。

でも、年金を受け取るには、65歳まで待たなければいけない。このまま、あと5年働き続けるしかないと思っていたとき、ふと思い出したのが401kプランという年金の存在だったのです。ジョーンズさんが会社に入社したのが1977年で、しばらくしてから401kプランが始まりました。始まったのが1978年なので、かれこれ40年間は積み立てていることになります。

月々の積み立て金額は400ドルで、年間にして4800ドルです。この金額を40年間、積み立てていたので、元本は19万2000ドル、日本円にすると2100万円くらいです。しかし、**ジョーンズさんが、実際に手にできる金額はなんと99万ドル。日本円で1億1000万円超です**。

なんでそうなったのかというと、株式を組み入れる投資信託で積み立て運用をしていたためでした。この30年でアメリカ経済は成長していき、株価指数であるS&P500の値上がり率は年平均で10%ほど。ジョーンズさんの資産もそれとほぼ同じようなペースで上がっていったため、その金額にまで殖えていったのです。

毎月、給料が振り込まれる銀行口座からの自動引き落としだったため、投資に回しているという意識がほとんどありませんでした。

もちろん、この30年間、株式市場ではいろいろなことがありました。

1987年にブラックマンデー、1998年にヘッジファンド危機、2000年にITバブル崩壊、2008年にリーマンショックと。しかし、ジョーンズさんはその間、自分の資産がどうなっているかなんてまったく気にしていなかったため、それらの大暴落のニュースを聞いても、まるで他人事でした。もし、気にしていたら、株式投資信託で運用していた401kの状況なんて、きっと見ていられなかったと思います。

ジョーンズさんのような中流層が豊かな老後を迎えるのに、401kプランは欠かせな

S&P500チャートと主な暴落

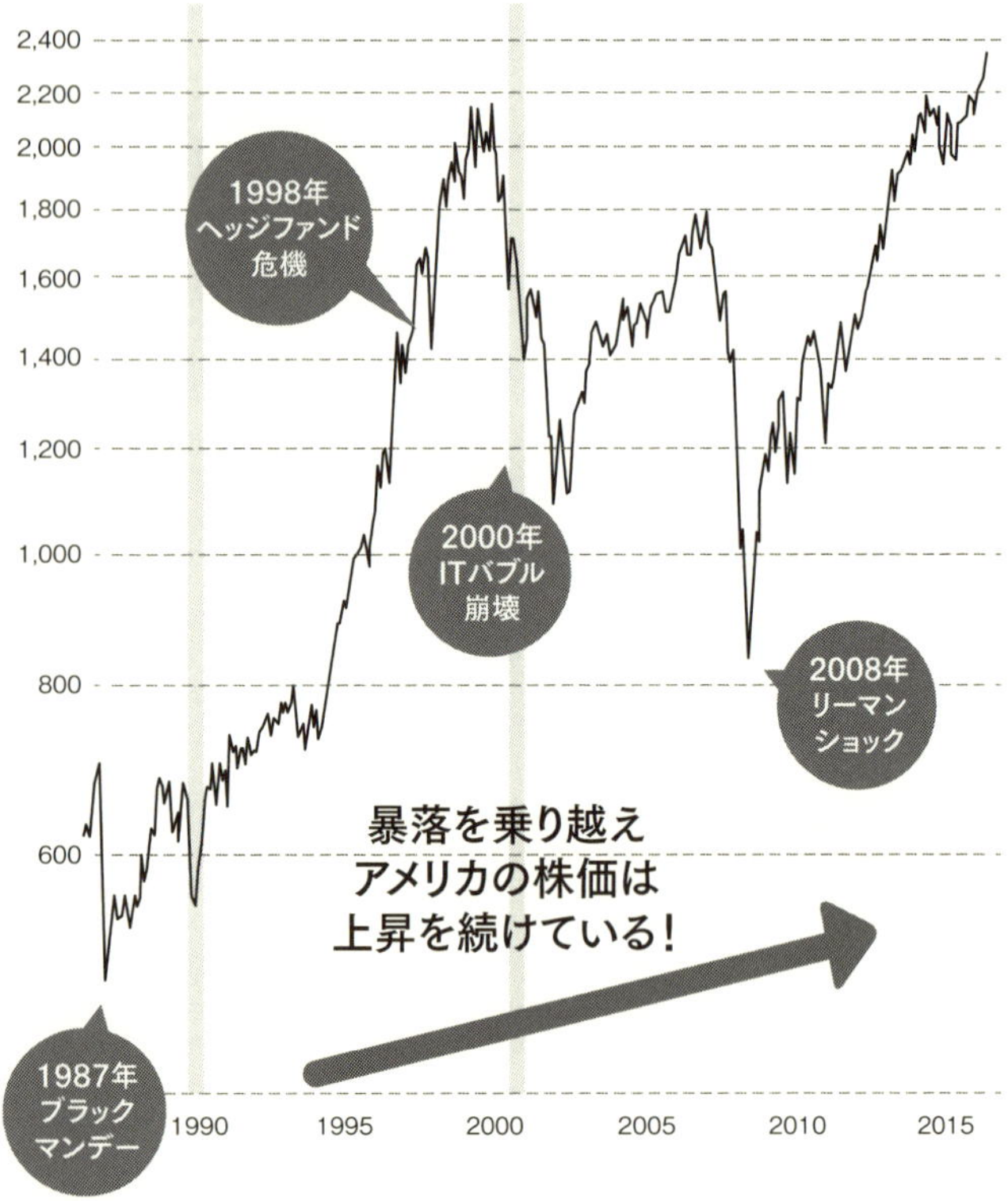

日本には3つの年金がある

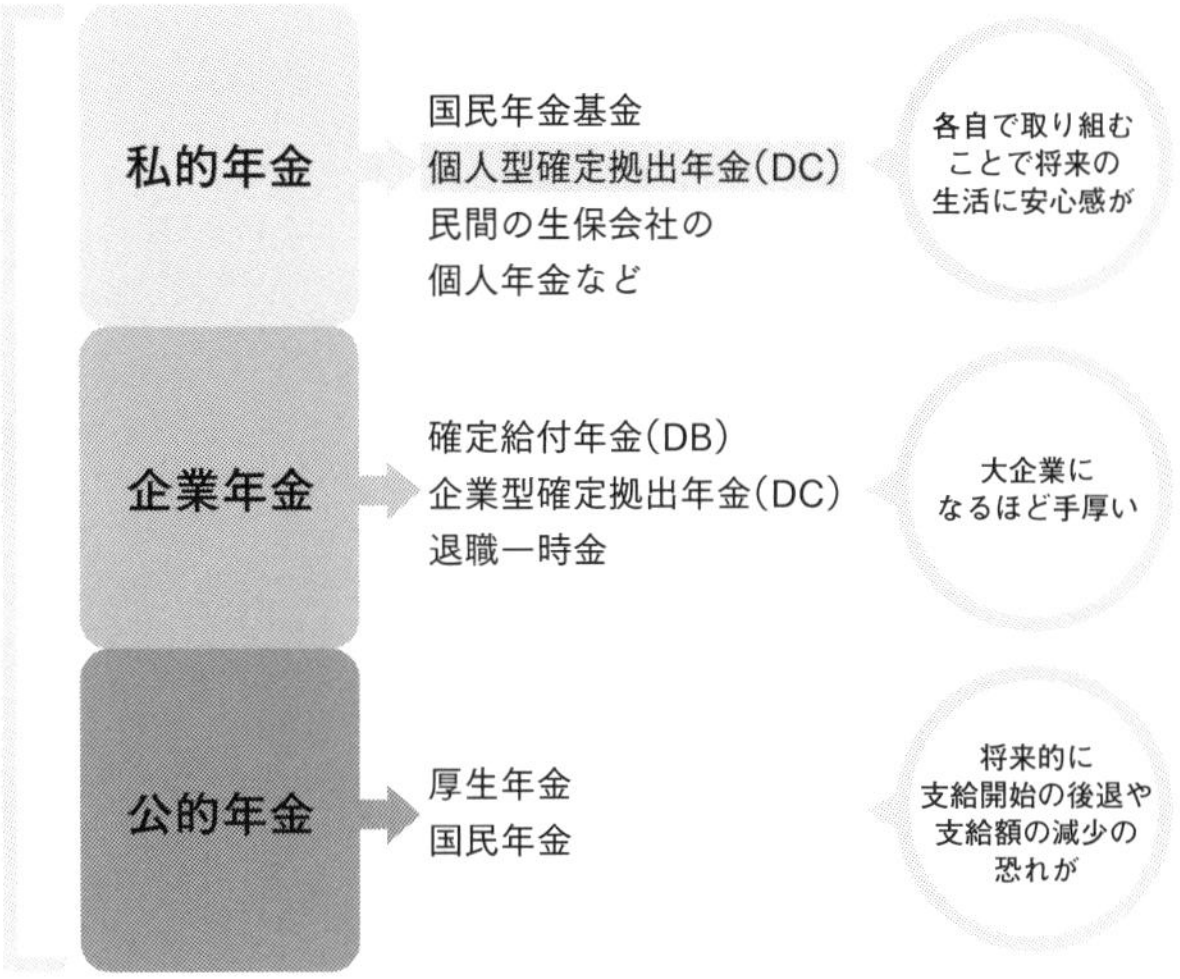

いものです。

その４０１ｋのような年金制度が、実は日本にもあります。それが、個人型確定拠出年金である通称ｉ《イ》Ｄｅ《デ》Ｃｏ《コ》です。日本では、老後を支えるお金は大きくわけて公的年金、企業年金、私的年金の３種類あります。しかし、後述しますが、今や公的年金は少子高齢化の影響で、制度を維持していくことが厳しい状況です。また、企業年金は、その多くが大企業のみで実施されていて、日本人のほとんどが勤めている中小企業はほぼ無縁の制度です。そして、私的年金も、これまでは国民年金基金や民間の生命保険会社の商品でしか運用する方法はありませんでした。しかし、2017年1月から、非課税制度が充実している iDeCo を、ほとんどの人が利用できるようになったのです。

本書は、iDeCo という普通の人にとってイマイチわかりづらい制度を、わかりやすく、簡単に、効果的に使うための考え方、商品選びのポイントについてお話ししていきます。**この制度を活用すれば、普通の人でも数千万円規模の年金資産を築くことも難しくありません**。iDeCo を利用して、皆さんもジョーンズさんのようなハッピーリタイア生活を実現させてみませんか。

セゾン投信株式会社代表取締役社長　中野晴啓

もくじ

第3章 iDeCoで成功する絶対法則

第4章　iDeCoはこの投資信託の中から1本を運用しなさい

第5章　誰が、どう使うのが一番よいのか

第6章　きんゆう女子。の疑問に積立王子が答える iDeCoのなぜなにQ&A

第1章

やらなきゃいけない
5つの理由

その

01

日本はこれから衰退していく

これまで日本は世界有数の先進国として経済発展を遂げ、生み出してきた豊かさを私たちは享受してきました。

そうした状況は、今後も続くのでしょうか。

答えはＮＯです。

これからどんどん経済が衰退していくのを、皆さんも肌で実感しているのではないでしょうか。その原因は人口減少、少子高齢化などさまざまですが、**要は世界的に見て、これまでどおり過ごして（働いて）いたら、私たちは相対的に貧しくなっていくことを想定しておくべきで、**これは決してオーバーないい方ではありません。

しかし、国もそんな状況を、指をくわえて見ている訳ではないのです。

国は、ｉＤｅＣｏ（個人型確定拠出年金）やＮＩＳＡ《ニーサ》（少額投資非課税制度）といった、年金や資産運用に関連する非課税措置の充実に力を入れています。もともと、ｉＤｅＣｏは米国の「４０１ｋプラン」という制度に、またＮＩＳＡはイギリスのＩＳＡ《アイサ》（個人貯蓄口座）という制度に範をとったものです。

日本は欧米の制度などを日本流に解釈し、それを取り入れる傾向が見られます。少し前だと、「日本版ビッグバン」という金融市場自由化がありましたし、観光による地方再生を目指した「日本版ＤＭＯ」という組織づくりも進められました。

でも、ｉＤｅＣｏやＮＩＳＡは、欧米の制度の単なるモノマネでできた制度ではありません。

この２つの制度を日本に根づかせようとしているのは、今後、多くの日本人が貧しい状況に追い込まれるかもしれないことを想定しているからです。**将来的に多くの国民が貧しくならないように、掛け金や運用収益などを非課税対象にするというインセンティブを設けているのです。**

高度成長期は、預貯金でじゅうぶん資産形成できた

「貯蓄から資産形成へ」というスローガンをご存じでしょうか。

これは、2016年9月に公表された金融庁の「平成27事務年度　金融レポート」に書かれている項目の一つです。2016年9月末時点の個人金融資産は1752兆円で、このうち現金・預金が916兆円で全体に占める比率は52・3％です。

日本人の個人金融資産が、相変わらず現金・預金に偏っていることがわかります。これら莫大な現金を株式や投資信託を通して、資産形成してもらいたいというのが国の考えです。

「株式や投資信託には、元本割れリスクがある」と考えている人からすれば、「国が率先して国民の資産を危ない商品に誘導するのはケシカラン」ということになるでしょう。

しかし、**これからの時代、現金・預金のみで資産を保有し続けていたら、いつまでたってもお金が増えていかないのです。増えないどころか、減っていく可能性が高いといってもいいでしょう。**

ではなぜ、これまでは預金だけで資産運用はじゅうぶんだったのかというと、これまで

は日本経済がどんどん成長していたからです。日本の経済成長率の推移を見れば、一目瞭然です。一定期間中における、日本の平均経済成長率は次のようになります。

1956〜1973年……9・1％
1974〜1990年……4・2％
1991〜2015年……0・9％

非常に粗い数字ですが、意図するところはおわかりいただけると思います。

1956〜1973年は、日本の戦後の高度経済成長期から第一次オイルショックまで。日本が最も高い経済成長率を維持していた期間です。

1974〜1990年は、徐々に成長率は低下していったものの、安定成長期に入ってバブルがピークをつけるまでの期間です。

そして、1991〜2015年は、バブル経済が崩壊し、低成長期といわれるようになった時期です。その間、日本経済の成長率はマイナスになることさえありました。それでもまだマシなほうかもしれません。

総務省統計局が出している全国の人口推移によると、2010年の人口は1億2805

万7352人で、2015年が1億2709万4745人。5年間で100万人あまりが減っているものの、それでも1億2000万人台を維持しています。

しかし、ここから先、日本の人口は加速度的に減っていきます。どの程度減っていくのかというと、2029年には1億2000万人を割り込み、1億1995万1000人に。2042年には1億961万1000人まで減る見通しです。さらに、2054年には、1億人さえ割り込み、9962万3000人になると見られています。

これらはまだまだ先の話ではありません。

仮に、2017年に新卒で会社員になった人が22歳だとすると、この人たちが59歳になったときに、人口が1億人を割り込むことになるのです。人口1億人未満の時代とは、どういう時代かイメージできますでしょうか。

おそらく、定年は65歳まで伸びているはずですが、それまでに生産性の向上が進まなければ、現場のさまざまなところで人手不足が一段と深刻化するでしょう。

また、**人口が減れば国内消費はさらに落ち込み、多くの企業は収益機会を失い、企業業績は落ち込みます。企業の業績が落ち込めば、従業員の待遇も悪化します。すると、消費はさらに落ち込み、日本経済は成長するどころか、落ち込んでいくことが想定できるのです。**

話を戻すと、昔の日本人の資産運用が預金だけでもじゅうぶん機能していたのは、高い経済成長率のもと、給料がどんどん右肩上がりで増えていったのに加え、預貯金の利率も高かったからです。

年4～6％程度の利率が得られるなら、預貯金でもじゅうぶんと多くの人が思ってもなんら不思議ではありません。おまけに、日本は高い経済成長率が長期にわたって続いたことで所得も右肩上がりだったため、多くの人が株式などによる資産運用の必要性を感じないまま、今に至っているのです。

資産を増やすなら、経済成長していく国で運用するしかない

でも、これからの時代、そうはいきません。

詳しくは後述しますが、これからしばらく、日本の金利は上がらない状態が続くと思います。つまり、預貯金ではお金が増えていかないのです。マイナス金利という言葉を耳にしたことがあると思います。

そのうえ、人口減少によって消費者も生産者も少なくなるので、日本は経済規模が縮小していくでしょう。そうなると、普通に仕事をしているだけでは所得を増やしていくこと

が非常に難しくなります。しかも、今はグローバル社会です。日本が衰退して、ほかの国がどんどん成長していけば、その差は開く一方です。他国からモノやサービスを購入する際は、これまでよりも多く支払わなければならないことになるのです。

なにしろ、少子高齢化の時代、「自分の老後は、いずれ子供が見てくれる」というのは幻想にすぎません。結婚しても子供を作らない家庭もありますし、それ以前に結婚しない人たちが今後ますます増えていきます。そういう人たちこそ、自分で自分の身を守れるよう、誰よりも熱心に資産形成を行う必要があるのです。

今後、成長が望めない日本国内にお金を置くだけでは資産が一向に増えないのであれば、日本よりも高い経済成長率が期待できる海外にお金を持っていくしかありません。つまり、海外市場で運用する手立てを考えるべきなのです。

お金が増えるというメカニズムは、成長しているところの経済にお金が乗っかっているかどうかに尽きるので、今後、人口が減少し成長が見込めない日本だけでお金を蓄えていてはいけない訳です。外に目を向けると、成長している国、していない国とさまざまな国がありますが、地球全体で見ると、毎年着実に成長軌道を描いているので、今後お金を増やしていくには世界全体にお金を働きに出すのが合理的なのです。

そして、今全世界の中でこうした行動を起こせるのは、私たち日本人など限られた国の人たちだけです。なぜなら、日本は経済的に見ると衰退してきてはいるけれど、日本人にはこれまで蓄えてきた莫大な富があるからです。

私たちがこれまでどおり豊かであり続けるには、その富を日本だけで持っていることで目減りさせるのではなく、全世界に分散して持つ必要があります。そうすることで、日本が衰退しても世界の成長とともに資産を増やしていけるからです。これが金融立国化ということになります。

イギリスがいい例です。イギリスの国力はすでに衰えてはいるけれど、金融立国化によって経済的にはむしろ豊かになっています。

現在、日本には世界に類を見ないほど豊かな個人金融資産がありますが、そのほとんどが働かない状態のまま放置されています。今、日本の個人金融資産およそ1700兆円のうち、現預金のままになっているのが900兆円ほどあるといわれています。**その900兆円が1%で運用されたとしたら9兆円、3%で運用されたら27兆円のお金を生み出すことになります**。これが、金融庁の描いている金融立国化のメインシナリオです。

それは、決して難しいことではありません。投資信託という仕組みを使えば、誰でも簡単に海外市場で自分の資産を運用できます。

手前味噌で恐縮ですが、私が代表を務めているセゾン投信が運用している「セゾン・バンガード・グローバルバランスファンド」や「セゾン資産形成の達人ファンド」は、いずれも世界中の国々の株式市場や債券市場に、資金を分散して運用する投資信託です。しかも、５０００円から投資できます。さらにいえば、今回のテーマであるｉＤｅＣｏやＮＩＳＡを使って投資すれば、値上がり益に対して課税されません。

日本経済の成長に期待がもてないのであれば、海外の成長を自分の資産運用に取り込んでいくしか、自分の資産を増やす手立てはないのです。

だからこそ、**ｉＤｅＣｏやＮＩＳＡという非課税制度を用いて、少しでも有利にお金を増やしていくことが、老後の命綱といえるのです。**

その

02

年金の受給年齢が引き上げられ受給額は抑えられる

少子高齢化によって、将来的に日本の経済規模は今以上に縮小していく可能性をお話ししました。

その結果、**心配されるのが世界に冠たる日本の社会保障制度の劣化という問題です**。すでに、国民健康保険の財政状態は、極めて厳しい状況にあります。理由は、健康保険を使うお年寄りが増える一方で、少子化によってその制度を支える若者が減っているからです。

国民健康保険だけでなく、企業や業界団体の健康保険も状況は同じです。結局、病院に行って診察を受け、薬をもらう人の多くはお年寄りで、健康で体力のある若い人たちは健康保険を使うことはほとんどないのです。そのうえ、少子化が加速していますから、若い人たちの健康保険料負担は、年々重くなる一方です。このままだと、特に国民健康保険の財政状態は一段と悪化するでしょう。

日本の年金受給者はこれまで恵まれすぎていた

社会保障の問題は、健康保険に限った話ではありません。**公的年金制度も財政難にあえいでいます**。

公的年金制度とは、20歳以上の日本人なら誰もが入る義務のある国民年金に加え、民間企業の会社員や公務員は厚生年金への加入義務もあります。これが公的年金制度ですが、国民年金などはそもそも加入していない人も結構いたりと、財政状態は非常に悪化しています。ちなみに、国民年金未加入者は、本書のメインテーマであるiDeCoが利用できませんので、注意してください。

本書を手にとってくださっているかたの中には、老後の生活設計において、公的年金を当てにしているかたも多いでしょう。

「今のところ、65歳から公的年金を受給できるはずだから、とりあえず定年延長でもして65歳まで働いておこう」と考えていると、はしごを外されることにもなりかねません。なぜなら、国は公的年金の受給開始年齢をさらに引き上げようと考えているからです。

では、いつごろ、受給開始年齢が何歳くらいまで引き上げられるのでしょうか。今、正確なところはわかりません。しかし、現在、**厚生年金、国民年金の受給開始年齢である65歳が、今後70歳、75歳になるのは既定路線といってもいいでしょう。**

それには、いくつかの根拠があります。

2017年1月、日本老年学会などが「高齢者」の定義を、現在の65歳以上から75歳以上に見直す提言をしました。これにより、前期高齢者である65歳以上75歳未満については「准高齢者」とし、社会の支え手と見なすべきであるとしたのです。「社会の支え手」として見なされる以上、現在のように65歳から公的年金を受給する訳にはいきません。公的年金の受給開始年齢は75歳程度まで引き上げられると考えるべきです。

公的年金は、ドイツ帝国宰相だったビスマルクが1889年に導入したものですが、このときの受給開始年齢は70歳でした。そのときのドイツ国民の平均寿命は、約46歳です。平均寿命が46歳なのに、公的年金の受給開始年齢が70歳ですから、公的年金の受給にありつけたドイツ人は、ほんの一握りだったことが容易に想像できます。公的年金を受給するというのは、本当に長生きした人に対して贈られるギフトのようなものだったのです。

ところが、今の日本人にとって公的年金の受給は、ほぼ完全に既得権益になっています。

もちろん、19世紀後半のドイツと、今の日本を比べるのは不自然だという意見もあるかと思います。では、日本の年金制度で考えてみましょう。

まず国民年金の受給開始年齢は、65歳からです。ちなみに国民年金がスタートしたのは1961年です。このときの日本人の平均寿命が男性で65歳、女性で70歳なので、ほぼ平均寿命まで生きて初めて受給できるものでした。

また、厚生年金の場合、「厚生年金保険」という名称が使われたのが1944年のこと。そのときの平均寿命は、戦争の影響もあってイレギュラーな数字が出ていて、1947年で男性が50歳、女性が53歳になります。

いずれにしても、かつての年金の受給開始年齢は、平均寿命よりも高齢になってからのことでした。

このように考えると、今の年金受給者がいかに恵まれているかがおわかりいただけると思います。2015年の日本人の平均寿命は、男性が80・79歳、女性が87・05歳です。これに対して、**公的年金の受給開始年齢が65歳ですから、平均寿命よりもずっと早い段階で公的年金を受給できているのです**。したがって今後、公的年金の受給開始年齢が75歳まで引き上げられたとしても、なんの不思議もありません。

公的年金以外の私的年金の充実で老後が決まる

受給開始年齢の引き上げに加えて、年金の受給額自体も徐々に抑えられていくでしょう。

これは、「マクロ経済スライド方式」という年金受給額の計算方式が発動されたことによるものです。

従来の公的年金受給額は「物価スライド方式」といって、物価動向によって受給できる金額が計算されていました。それがマクロ経済スライド方式のもとで、年金加入者の減少、平均寿命の伸び、経済情勢などを総合的に勘案したうえで、年金受給額が決められるのです。この方式だと、物価が上昇したとしても、年金受給額がそれに素直に連動しないことが想定できます。仮に物価が2％上昇しても、年金受給額が1％程度しか上昇しないケースもじゅうぶんありえます。結果、年金受給額が目減りすることになるのです。

「1％程度の目減りなんて大したことない」と思うでしょうか。

若い人の場合、実際に年金を受給できるのは20年後、30年後の話になります。この間、毎年、物価の上昇率に対して年金受給額が1％ずつ目減りするとしたら、どうなるでしょうか。20年だと20％、30年だと30％も年金受給額が減ってしまうのです。

そう考えると、マクロ経済スライド方式の発動は、将来の年金受給者にとって、確実に年金受給額が大きく目減りしていく大きなきっかけなのです。

ただ、日本の公的年金を含む社会保障制度は、世代間扶助をベースにしたすばらしい仕組みであるのも事実です。一部では、あくまでも自分の年金は自分で積み立てるという「積み立て方式」にしたほうがいいという意見もありますが、それだとあまりにも自己責任が行きすぎてしまい、格差がますます広がる恐れがあります。

したがって、ベースとなる公的年金については、この制度が少しでも長続きするように、全世代が少しずつ我慢をする。そのうえで、**ｉＤｅＣｏのような自助努力で積み上げていく私的年金をいかに充実させていくかというのが、これからの年金の在り方だと考えます。**

その

03

財政赤字で日本国債の安定性は大きく損なわれる

日本の財政赤字は今、どのくらいあるかご存じでしょうか。
平成28年度末時点における公債残高は、約838兆円になる見通しです。これに加え、政府は政府短期証券の発行や、借入金という形の借金も持っています。これらをすべて合計した**国の借金は、2016年9月末時点で1062兆5745億円にも達しています。**

一度も返済せずに借金を積み重ねている状態

この借金がどれくらいすごいのかをお話しする前に、「財政赤字とはなにか？」という疑問に答えたほうがいいかもしれません。財政赤字とは、歳出が歳入を上回った部分を指しています。

国の財政は「歳入」と「歳出」にわかれています。歳入は所得税や法人税、消費税といった税収を中心にしたもので、要は国に入ってくるお金のことです。これに対して、歳出は社会保障費、地方交付税交付金、公共事業、文教、および科学振興、防衛など、国の事業につかわれるお金のことです。

基本的に歳入と歳出の額は一致するはずですが、歳出額は社会保障費を中心に年々増加しているため、現状では歳出額のすべてを税収で賄うことができません。

ちなみに、平成28年度一般会計予算によると、96兆7218億円という歳出総額に対して、歳入額は57兆6040億円です。差し引きで、39兆1178億円もの税収が不足しています。したがって、この不足額をどうにかして埋めなければなりません。その方法が、国債の発行なのです。

国債とは、国が発行する債務証券のことです。借金の証文みたいなものです。国債を発行し、これを投資家に購入してもらうことで、資金を調達するのです。ちなみに、平成28年度の一般会計予算では、34兆4320億円の国債が発行され、それでも穴埋めできない部分は、「その他収入」という名目で4兆6858億円が充てられました。

国債という名の借金が、平成28年度の一般会計予算では34兆4320億円。「34兆って

バブル崩壊後、歳出が歳入を急激に上回っている

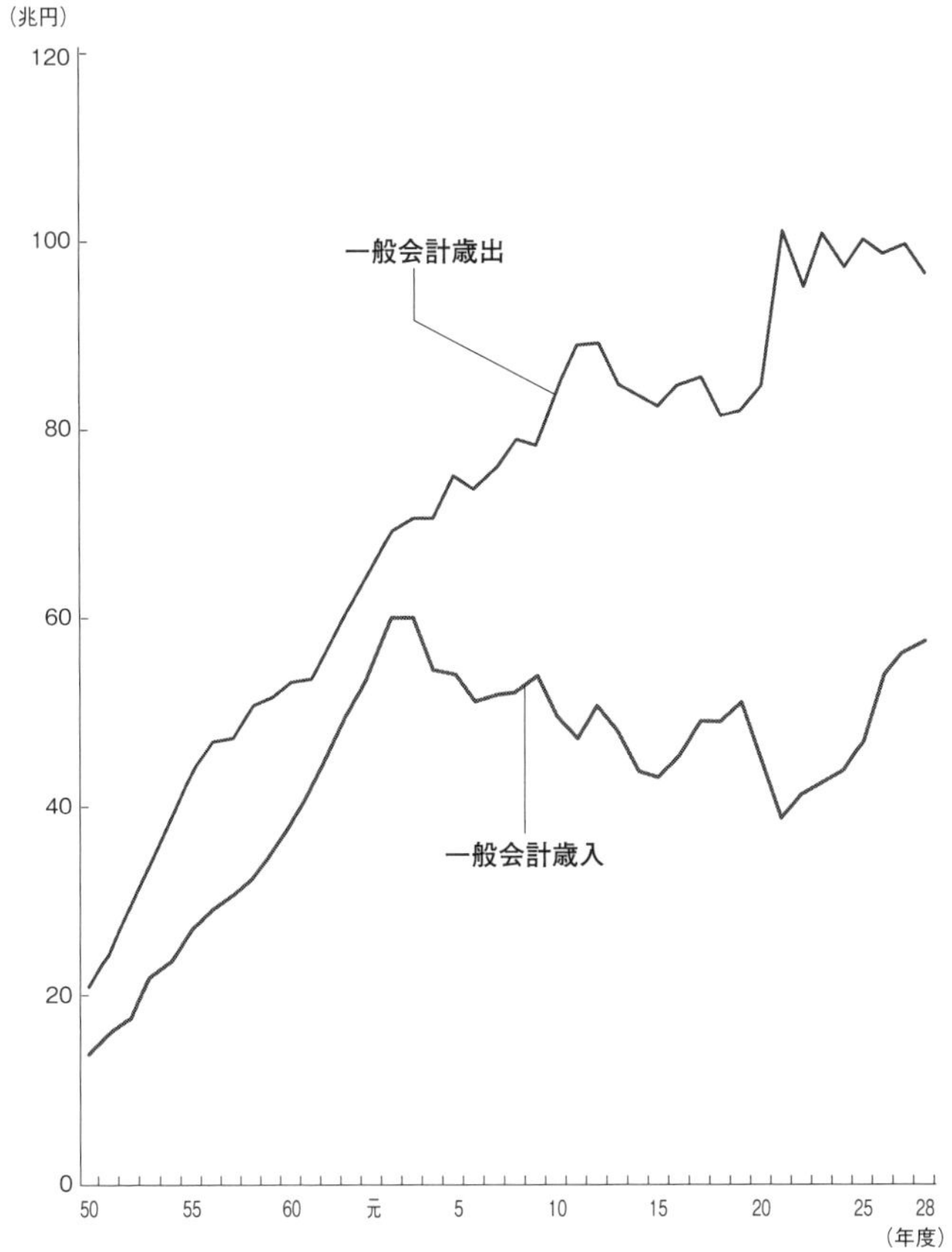

財務省ホームページより作成

……」と思わず絶句してしまうような金額ですね。

でも、この程度の金額で驚いてはいけません。

日本が抱えている借金は、もっと莫大な金額なのです。平成28年度は34兆円規模の借金を新たにつくった訳ですが、日本が国債を発行するようになったのは、ここ1、2年の話ではありません。90年代に入り、バブル崩壊後の景気悪化とともに、景気刺激策として行った公共工事や高齢化で増え続ける医療費によって、税収だけでは賄えない歳出を国債の発行でカバーしてきました。当然、その借金を全額返済しないまま、今に至るまで新しい借金を積み重ねているという現状です。

海外に分散投資していれば、国債が破たんしても問題ない

果たして、これだけの借金を全額返済できるのでしょうか。

財務省は、「このまま財政赤字が膨らむと、いつ破産するかわからない」というアナウンスをし、増税などによってそのツケを国民に回そうとしています。国民もその言葉を真に受けて、あと5年くらいで莫大な借金を返済しなければならないという錯覚に陥っていますが、**現状、日本が借金を返済できなくなり、破産に至るというリスクはそれほど高く**

国債の残高（国の借金）は増える一方

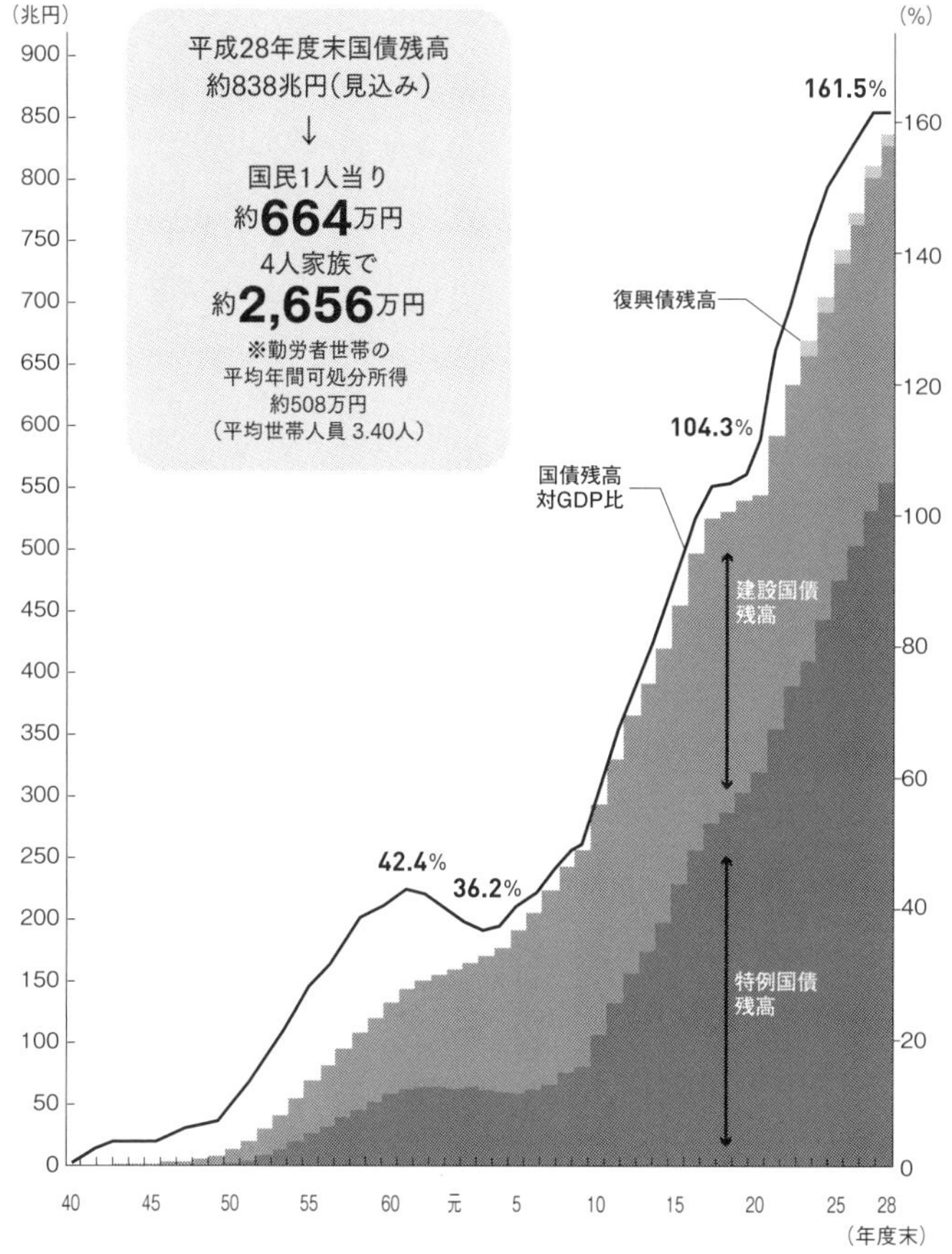

財務省ホームページより作成

ないと考えます。

というのも、いくら借金があっても、新たに行う借入にさえ支障が出なければ、いくらでも借金を繰り返すことができるからです。

例えば、米国も米国債を発行して、世界中から借金をしています。日本は、米国債の最大の買い手です。つまり、日本は米国にとって、最大の債権者なのです。

当然、国債には償還期日がありますから、その期日が来たら、米国債を買っている投資家に、元本を返済しなければなりません。

では、米国政府はその返済資金を銀行預金などにプールしておくのでしょうか。そうではありません。すべて新たに発行した米国債を、償還させるための財源にするのです。いい方は悪いですが、自転車操業のようなものです。

これは日本国債も同じで、**新たに発行した国債の買い手がいる限り、永遠に国債を発行して償還財源にし続けられるのです**。したがって理論的には、国債は永久に発行し続けられるし、破産しないことになります。

そればかりか、**きちんと経済が成長し続ければ、借金の負担を軽減することも可能です**。

実際、米国が財政赤字を抱えていても、破産することなく今日に至っているのは、米国債が世界で最も信用力があり、その信用力に多くの投資家が投資しているためです。それと、米国が経済成長し続けているため、国の経済規模に対する借金比率は、それほど大きくなっていないのです。

では、日本国債はどうなのかということですが、日本国債の最大の利点は、それを購入している投資家の大半が国内の投資家であることです。かつては、大手や地方の金融機関、生損保が、日本国債の最大の買い手でした。そして、これら金融機関が日本国債を買うための資金源は、預金や保険商品を通じて集められた私たち個人のお金です。私たち個人は、日本国債を直接買ってはいませんが、こうした金融機関を通じて、間接的に日本国債を保有していたのです。

ただ、その流れも昨今は変わってきています。特に、大手都市銀行や地方銀行が保有している日本国債が、徐々に減り始めているのです。一方で、日本国債を物凄い勢いで買い集めたのが日本銀行です。これは、金融市場に大量の資金供給を行うため、量的・質的金融緩和と銘打って、日銀が債券市場に流通している日本国債を大量に買っているからです。その結果、今度は日銀が、日本国債の大量保有者になりました。

さて、このように、今、日銀が日本国債の大量保有者ですが、この状況がいつまで続くのか、という問題を考える必要があります。

おそらく、このまま日銀が日本国債を買い続けると、いずれ日銀のバランスシートが悪化するという問題に直面します。日本国債の評価額は日々変動していて、その評価額が下落に転じれば、日銀のバランスシートは評価損を被ります。

では、再び銀行やそのほかの金融機関が日本国債を買うようになるのかというと、それも非常に難しいといわざるを得ません。

というのも、これからさらに高齢化が進めば、高齢者はそれまで銀行などに蓄えた資産を取り崩して生活するからです。こうして銀行預金が取り崩されれば、銀行はこれまでのように集めた預金で日本国債を買うにしても、その額はかつてに比べてもかなり減ることになるでしょう。

このように、日銀も買わない、銀行やほかの金融機関も買わないとなると、次なる買い手は、GPIF（年金積立金管理運用独立行政法人）やゆうちょ銀行になります。GPIFは独立行政法人とはいえ、公的年金を運用している主体なので政府機関のようなものです。

また、ゆうちょ銀行は株式を上場したとはいえ、昔の郵便貯金であり、そのルーツを考えれば、いざ日本国債の買い手がいないという危機的な状況に直面したら、どこよりも率先して日本国債の買い手になることでしょう。

日本の財政赤字が増えれば増えるほど、政府は日本国債の新たな引き受け手を探さなけ

ればなりません。問題はそれもいつかは限界を迎えるということです。ＧＰＩＦやゆうちょ銀行がしこたま日本国債を買ってしまったら、その後の買い手はいよいよ外国人投資家になります。

ただ、これまで日本国債が大暴落することなく、安定的に発行され続けてきたのは、日本国債の買い手の大半が、日本国内の投資家だったからにほかなりません。**もし、外国人投資家が買い手の大半を占めるようになったら、今後は日本国債の安定性が大きく損なわれ、価格が乱高下するようになるかもしれません。それが日本国債の信用力低下につながり、ひいては、日本国債を大量に保有している投資家のバランスシートにも悪影響を及ぼします。**

当然、ＧＰＩＦにとっては、日本国債が破綻まで至らずとも、その運用成績にネガティブなインパクトを与えることになります。

この点、**自分の資産を国内で現預金として持っているのではなく、自分でｉＤｅＣｏを使って海外市場に分散投資しておけば、日本国債のネガティブな値動きから、自分の資産の一部を切り離しておけます。**こうした将来的なネガティブシナリオへの備えとして、資産防衛の観点からもｉＤｅＣｏで分散投資しておくメリットはかなりあるのです。

その04

来たるべきインフレへの備え

安倍政権の経済政策である「アベノミクス」は、消費者物価指数で年2％の物価上昇率の実現という目標を掲げました。つまり、ゆるいインフレを目指していることになります。現在、消費者物価指数はどの程度の上昇率なのかというと、年2％とはほど遠い状況です。消費者物価指数の前年に対する上昇率を見ると、アベノミクスがスタートする少し前からの推移は、次のようになります。

2010年……▲0・72％
2011年……▲0・27％
2012年……▲0・06％

２０１３年……………０・３４％
２０１４年……………２・７６％
２０１５年……………０・７９％
２０１６年……………▲０・１６％

こうして過去の推移を見ると、アベノミクスであれだけ金融緩和を行ったにもかかわらず、物価はほとんど上昇していません。２０１４年だけは2・７６％と目標値を大きく上回っていますが、この年は4月に消費税率が8％に引き上げられています。その底上げ効果を考慮に入れれば、物価は２０１４年でさえ、ほとんど大きく上昇していないことがおわかりいただけるのではないでしょうか。

また、消費税率の引き上げによる底上げ効果がなくなった２０１５年は、大幅に低下しています。加えて、２０１６年に至っては▲０・１６％とマイナスに転じ、デフレの兆しさえ感じられます。

このように、インフレを誘導するのがいかに大変なことかがわかると思います。直近の消費者物価指数の上昇率を見ると、もはや日本の物価は上昇しないのではないか、という気分にもなります。

経済成長しない国の通貨が、高く評価され続けたケースはない

しかし、それは大いなる誤解です。**まだしばらく日本の物価は上昇に転じないかもしれませんが、実はもうすでにインフレの芽はばら撒かれているのです。**

ところで、インフレには「よいインフレ」と「悪いインフレ」があります。よいインフレとは、物価上昇率がおおよそ年2％程度に安定し、経済活動が非常に気持ちよく拡大していく状態を指しています。

これに対して悪いインフレは、国の成長のスピードがインフレ率に追いつかない状態をいいます。

例えば、名目経済成長率が2％でもインフレ率が年4％だったら、実質ベースの経済成長率は2％のマイナスになります。これが常態化すると、経済は最悪のシナリオに向かって突き進んでしまいます。ちなみに、実質ベースの経済成長率とは、名目の経済成長率から物価上昇率を差し引いて求められるものです。

何事も過ぎたるは及ばざるがごとしで、確かに2％程度のインフレ率は、非常に心地よ

い経済成長をもたらす原動力になってくれますが、例えば、年10％を超える物価上昇率になると、今度は通貨価値が強烈に目減りしていくため、多くの人がその通貨を持ちたくなくなってしまいます。

昨今のブラジルがまさにその状況に直面しており、同国の物価上昇率は年10％ほどです。同じ状況が10年も続いたら、手もとにある現金の価値はゼロになってしまいます。

さて、なかなかインフレにならない日本ですが、実は、インフレを誘発させるのは意外と簡単です。**もしかしたら放っておいても、いずれ自然な流れで日本はインフレになっていくかもしれません。なぜなら、前述したように、日本経済はこれから長い衰退に向かう可能性が少なくないからです。**

インフレとデフレには、次のような関係があります。

インフレ＝自国通貨安
デフレ＝自国通貨高

この関係をまず理解してください。

インフレとは物価が上昇することです。例えば、それまで１０００円で10個買えていたモノが、同じ1000円で5個しか買えなくなります。それは、お金の価値が目減りすること、イコール自国通貨安です。逆に、デフレのときは同じ1000円でさらに多くのモノが買えるようになります。つまり、お金の価値が上昇すること、イコール自国通貨高です。

アベノミクスが失敗したら、またデフレに逆戻りするという俗説があります。しかし、歴史的に、経済が縮小する国の通貨が高く評価され続けたケースはありません。**日本経済が今後、人口の減少などによって経済が縮小していけば、必ずどこかの時点で円は売られます。つまり、円安になって、その結果としてインフレが誘発されます。**

借金をしている人は有利、預金・現金で持っている人は不利

問題はインフレが進んだとき、果たして金利は上昇するのかということです。経済の原理原則でいえば、物価が上昇すれば金利も上昇します。中央銀行は物価の安定を目的に存在するため、インフレの兆しが見えると、金利を引き上げて物価上昇を抑制しようとします。

しかし、**これからの日銀は多少インフレになったとしても、利上げをせずに放置する可**

能性が高いと考えます。その理由は2つあります。

第一に、利上げを行うと、莫大な借金を抱えている日本政府が、借金の利払いが増えて苦しむからです。目下、1000兆円超の累積債務を抱えている日本政府にとって、金利の上昇はできれば避けたいところでしょう。

第二に、インフレが進むほど、実質的に借金の負担が軽くなるからです。インフレが進めば、名目上の経済規模が拡大して税収増につながりますが、借金の額が増えることはありません。借金の返済負担は同じ状態なのに、借金を返済する原資になる税収が増えるのだから、金利負担が増えなければ、実質的に借金負担は軽減されることになります。

つまり、今の日本政府にとって、インフレが進むのは好都合なのです。インフレが進んでも、利上げは行われないと考える一番の根拠がこれです。

ただ、インフレが進んでいるのに利上げが行われないと、借金をしている人にとっては有利ですが、資産を預貯金や現金で持っている人にとっては、極めて不利になります。**預貯金の金利が物価上昇率に追いついていないため、実質的に、お金の価値が目減りすることになるからです。**

そして、国に莫大な借金があっても、日本には個人金融資産があるからまだ大丈夫だといわれていますが、今の信用格付けはそれらが織り込まれています。国民のお金がいずれ国の借金の代替物として使われることを前提に国は信用されているのです。つまり、**インフレによって国民の富で政府の借金が帳消しになる。これで財政再建ができる。国民の富はなにかというと、皆さんの現預金なのです。こういう考え方をインフレ税といいます。**ほとんどの人は、この現実を知らずにじわりじわりと自分の資産を失っていく訳です。

特に個人金融資産の大半を所有する高齢者がこれに該当します。日本では今でも大半の人が国家に高い信頼を置いていますが、そういった人たちがこうして国の財政再建の最大の〝貢献者〟になる訳です。

だからこそ、**ｉＤｅＣｏのような非課税口座を活用して、インフレ率を上回るリターンが期待できる商品に毎月積み立て投資をしていくことが、インフレに対する資産防衛策になるのです。**

その05

イールドカーブコントロールの脅威

従来、預貯金でもインフレリスクは、だいたいヘッジできていました。仮にインフレ率が5%だったら、預金の利率は4%前後になっていたのです。インフレ率に対して、7~8割方はヘッジできていたことになります。

しかし、これからの日本において、その原理原則は通用しなくなります。理由は前述したとおりですが、実際もうすでにそういう仕掛けがされているのを皆さんはご存じでしょうか。

2016年9月、日銀の黒田総裁は、これまで行ってきた質的・量的金融緩和について、その成果を省みるとともに、**新しい金融調節の手法として「イールドカーブ・コントロール」を打ち出しました**。

金融の専門家でも、この言葉を聞いてすぐにその狙いを理解できた人はほとんどいなかったと思います。**イールドカーブ・コントロールとは簡単にいうと、今後、物価が上昇したとしても、金利を上げないという政策なのです**。

イールドカーブとは、少し専門的にいうと「金利曲線」のことです。

例えば、通常、1カ月物よりも6カ月物、6カ月物よりも1年物、1年物よりも5年物、5年物よりも10年物というように、取引期間が長期になるほど、金利の水準は上がっていきます。この取引期間の長短によって異なる金利を結んでいくと、取引期間が長いほど、右肩上がりになる金利曲線が描けます。これがイールドカーブです。

現金で持っていたら、資産を目減りさせることになる

日銀がいうイールドカーブ・コントロールとは、今後、物価の上昇によって金利が自然と上昇しようとしても、日銀は上昇しないように意図的に金利を抑えつけること（金融抑圧）を意味しています。

どのくらいの期間、金利を抑えるのかというと、日銀は「インフレ率が2％超えて安定的に推移するまで」といっています。

でも、具体的にどこまで落ち着けば、ということは明言していません。この点についてはどうとでも受け止められます。つまり、本来なら長期金利が5％になってもおかしくない状況でも、日銀が「まだ安定していない」といえば、そのままイールドカーブ・コントロールは継続され、金利はゼロ％の水準に抑えつけられるのです。つまり、**私たちが銀行口座にお金を入れていても金利は上がりません。モノの値段が上がっていくばっかりなので、銀行に預けっぱなしにしていると、お金の価値が目減りしていく一方になります。**

当然、その影響を受けるのは、私たち生活者です。どうしてこんなことをしているのかというと、国民を犠牲にして国の財政負担を軽くする財政再建をやっているのです。

だからこそ、**私たちは預貯金といった現金で持っていることで自らの資産を目減りさせずに、逆に増えていくような資産運用手段を模索する必要があるのです。**

	月（年）の投資上限額	非課税枠	そのほか
	・自営業者：月6万8000円（年81万6000円） ・企業年金（企業型DB含む）も企業型ＤＣもない会社員、主婦：月2万3000円（年27万6000円） ・企業型ＤＣのみ：月2万円（年24万円） ・企業年金と企業型ＤＣがある会社員、企業年金のみがある会社員、公務員：月1万2000円（年14万4000円）	・掛金、運用益ともに非課税 ・掛金の全額が所得控除される	・60歳までの引き出しは原則不可 ・損失を出した場合、ほかの口座との通算は不可 ・上限の枠内であれば、売り買いが可 ・給付時の課税あり（ただし、税優遇される場合も）
	・企業年金がある人：月2万7500円（年33万円） ・企業年金のない人：月5万5000円（年66万円）	・掛金、運用益ともに非課税 ・個人拠出の掛金の全額が所得控除される	

※確定拠出年金=DC、確定給付年金=DB

	投資上限額	非課税枠	そのほか
	・年120万円(累積上限額600万円)	・運用益、配当、普通分配金が非課税	・損失を出した場合、ほかの口座との通算は不可 ・引き出しは自由 ・投資上限枠は使い切り

確定拠出年金制度の特徴

	加入できる人の条件
個人型（iDeCo）	・日本に居住している20歳から60歳まで ・自営業者とその家族、フリーランス、学生などの国民年金の第1号被保険者(農業年金の被保険者、国民年金の納付免除者を除く) ・厚生年金の被保険者である国民年金の第2号被保険者（企業型確定拠出年金加入者で、個人型同時加入が認められていない人を除く） ・厚生年金、共済組合加入者の被扶養配偶者である国民年金の第3号被保険者
企業型	・60歳まで ・国民年金の第2号被保険者で、労使合意に基づき確定拠出年金制度を実施している企業の従業員

NISAの特徴

	加入できる人の条件
NISA	・日本に居住している20歳以上の人

第2章

50代からでも 3000万円はつくれる

その

06

老後に必要なお金は3000万円か、1億円か

「老後の資金についていつまでに考えればいいの」ということですが、おかしな話、老後になって考えるという人もけっこういるんです。なかには、80歳になっても〝老後が心配〟という人もいるぐらいだから、現金を貯めこんでいる人がたくさんいる訳です。専門家も含め、いろいろな人がいろいろなことをいうのが、「老後の生活に必要なお金の額」です。「3000万円もあればじゅうぶん」という人もいれば、「いやいや、夫婦2人で1億円は必要だよ」という人もいます。果たして、どちらが正しいのでしょうか。

身もふたもないいい方になりますが、これはどちらも正解です。**自分自身がどのような人生を送りたいのかによって、3000万円でじゅうぶんなこともあれば、1億円なければ足りないこともあるのです。**

ただ、50歳になって預貯金がゼロというのは、さすがに困りものです。

２０１６年６月に行われた「家計の金融行動に関する世論調査」によると、金融資産非保有世帯比率の年代別構成比は、次のようになりました。

20代……………45・３％
30代……………31・０％
40代……………35・０％
50代……………29・５％
60代……………29・３％
70歳以上………28・３％

さすがに、年齢が上がるほど、金融資産非保有世帯の比率は下がります。長く生きていれば、それだけ貯まっているのは、まあ当然の結果だと思います。

それでも、50代でまったく蓄えのない世帯が29・５％もあるのはどうかと思うのも事実です。詳しくは後述しますが、こういう人は50歳以降、本当に必死になってお金を貯めないと、老後苦しむことになります。それこそ、ｉＤｅＣｏだけではどうしようもないので、

NISAとの組み合わせによって、少しでも非課税枠を大きく活用して、効率的な資産形成を行う必要があります。

先ほど出た1億円という金額はあるに越したことはありませんが、1億円なければ貧乏老人になってしまうというものでもありません。もちろん、高級有料老人ホームに入りたいのならば、1億円くらいは必要になるかもしれませんが、人生の最終目標が「高級有料老人ホームに入ること」というのも、なんだか寂しい感じがします。1億円を貯められるならそれはとてもいいことですが、なにがなんでもその目標をクリアするために、30代、40代、50代でしか経験できないことをすべて放棄し、ひたすらお金を貯めるだけの人生というのも、少しバランスを欠くのではないでしょうか。だから、1億円はなにがなんでも貯めなければならない金額ではないはずです。

実際にはどの程度のお金があればいいのか

ここで一つ、多くのかたが抱きがちな誤解について説明しておきます。

よく、**「60歳までに●●●●万円貯めなきゃならない」といいます。ここで問題にしたいのは、金額の話ではありません。「60歳までに……」という部分です。**

なぜ60歳をゴールに設定するのでしょうか。

その理由は以下のように考えているためと思われます。

「60歳で定年になるから、そこから先は定期収入が断たれる。だから、60歳までに、5000万円を貯めなければならない」

だとしたら、**こうした考え方は今日からやめましょう。**

なぜなら、この考えに縛られていると、自分自身を追い込む結果になるからです。「なにがなんでも」と意気込むと、とたんに貯めることがしんどくなります。しんどいことは長続きしません。特に20代、30代の若い人は、もちろんお金を貯めることも大事ですが、同時に自分に対する投資も必要になります。それは、自分自身の付加価値を高め、自分が働いて稼ぐ力を手にするためです。

よく資産形成というと、どういう金融商品を選べばいいのか、どういうタイミングで売買すれば儲かるのか、ということばかりに関心が集まりがちですが、これは実に些末な話です。現役世代の場合、本当に大事なのは、まず日々のキャッシュフローを生み出す自分自身の稼ぐ力を高めることです。

それは、無から有を作り出す行為といってもいいでしょう。自分の稼ぐ力を高めなければ、いくら貯蓄をしようと思っても、日々の生活費に追われてしまい、貯蓄できるだけの余裕がなくなります。どれだけ有利な金融商品があったとしても、それを買えるだけの資金的な余裕がなければ、資産運用なんてものはただの絵に描いた餅に過ぎないのです。

貯蓄に倹約はつきものので、それは決して楽しいものではありません。使いたいのに使わず、我慢をしてお金を貯める訳ですから楽しいはずがありません。

だから、「60歳までに5000万円」というようにゴール期間を設定してしまうと、少しでも早く節約地獄から解放されたいと、多くの人はスタートダッシュをしようとします。結果、最初の段階から無理な目標を掲げてしまい、長続きしないのです。

しかも、無理な貯蓄をしようとするあまり、若いうちにきちんと経験値を高めておくべきことに投資をしないでいると、本当の意味で大事な稼ぐ力を失いかねないのです。

だから、**本来はゴールなどを設定せずに、「死ぬまで運用を続けていくんだ」というくらいでいたほうがいいのです。**

そのほうが、力まずにゆるく、長く資産運用を続けていけます。しかも、**ずっと運用するという前提なら、60歳の時点でそれほど大きな金額を貯めなくても、普通に老後の生活が送れる可能性が高いからです。**

では、**実際、60歳までにどの程度の資産があればいいのでしょうか。**

例えば、60歳で定年を迎えてから、公的年金を月々20万円受け取り、それだけでは足りないので、貯蓄を毎月15万円取り崩し、90歳になるまでの30年間でその貯蓄額がゼロ円になるとしたら、60歳の時点でいくら貯蓄が必要なのかを計算してみましょう。

単純に、まったくお金を運用しないというのであれば、毎月15万円が必要なので、年間180万円。それが30年分なので5400万円あれば、毎月15万円ずつ取り崩しても30年間、資金が底を尽くことはありません。

では、仮に毎月15万円を30年間取り崩すという点は同じとして、60歳から貯まったお金を年3％で運用するとしましょう。この場合、60歳の時点でいくら資金があればいいのかというと、3576万円です。つまり3576万円を年平均3％で運用しながら、毎月15万円を取り崩すことにすれば、まったく運用しないのと同じように30年間、取り崩し続けることができるのです。

かたや5400万円、もう一方は3576万円。これが運用による効果です。年平均3％で運用し続けることができれば、原資は1824万円も少なくてすむのです。

それを考えると、**60歳を運用のゴールに設定することが、いかに非合理的な誤解かがおわかりいただけるでしょう。**

このように、運用にゴール期間は不要なのです。自分が死ぬまでずっと運用し続ければいいのです。
ただし、**それには一つだけ条件があります。それは「運用し続けられる仕組み」をつくることです。**

その

07

自分が生み出す富の総量を把握する

公的年金制度は開始当時、そもそも人生60年で設計されていて、60歳を超えて生きている人に関しては国でサポートしなきゃということで始まったものです。その制度設計は今も変わっていないのです。でも今や、人生80年どころではなく、90年、100年が当たり前になってきています。なので、長く生きることをリスクととらえて、「長生きリスク」なんていわれることがあります。

超高齢化時代にもかかわらず、定年退職する年齢が55～60歳のまま。大企業でも60歳までが定年で、そこから65歳までは再雇用というまったく違う給与体系になってしまう訳です。このように、平均寿命は延びているけれど、社会の常識や制度が追いついていない。ほんとうは平均寿命が80歳であれば、70歳くらいまでは普通に働けるのが常識の社会にならなくてはいけないはずなのに。

働かない期間のことを老後とすると、日本のサラリーマンの場合、60歳や65歳で仕事を強制終了して、その後はずっと働かない人がほとんどです。**働かなくなることが意味するのは、自分が楽をすることではありません。新たな富を生まなくなることなのです。**ですから、**60歳までに稼ぐお金はこれくらいで、毎月のキャッシュフローから60歳以降の人生のためにどれくらいを回したらいいかを自然と考えられれば、当然家賃と同じように先に一定の金額をのけておかないといけないことに気づく訳です。**

少なくない人が、そういう考え方で自分の給料というものをとらえていないように思います。給料を単純に日々の労働の対価としてしか考えていないと、極端な話「もう頭に来たから、飲んじまえ」ということに日々なっていくのです。

野球選手なんかそうですよね。現役の時はバーンとお金をもらって派手につかって、40歳手前で引退すると、第二の人生のほうが長いから身を持ち崩す人が多い。人生軸でお金について考えていないから、そうなる訳です。

ところで、皆さんは、自分が一生涯で稼ぎ出す生涯賃金がいくらか、ご存じでしょうか。昔は3億円程度などといわれていましたが、長年のデフレの影響で、サラリーマンの生涯賃金は減少傾向にあります。

なかなか公的なデータがとれないので、ここでは週刊東洋経済eビジネス新書のNo.30「ニッポンの生涯給料」から引用します。

それによると、上場企業約3500社のうち、単体の従業員数が30名に満たない企業や、平均賃金の発表がない企業を除いた3238社を対象にした調査によると、退職金を除いた平均生涯給与は2億1350万円だそうです。ちなみに、上位10社の生涯賃金は、次のようになります。

1位　キーエンス……………………6億1561万円
2位　日本M&Aセンター……………5億7693万円
3位　GCAサヴィアン………………5億1649万円
4位　朝日放送…………………………5億1382万円
5位　フジ・メディア・ホールディングス……5億4440万円

6位　東京海上ホールディングス……………4億8885万円
7位　テレビ朝日ホールディングス…………4億8739万円
8位　伊藤忠商事……………………………4億8431万円
9位　野村ホールディングス………………4億7586万円
10位　ドリームインキュベータ……………4億6919万円

このことからもわかるように、企業によっても大きな差があるのはもちろんですが、このように6億円もの生涯賃金が得られる企業がある一方、平均生涯年収が2億1350万円ということは、高給取りの企業はごくごく一部に過ぎないことを表しています。

なので、夢のない話をするつもりはありませんが、自分が明確に高給取りでないという人は、平均生涯年収である2億1350万円が、自分が生み出せる富の総量と考えるべきでしょう。

でも、この2億1350万円は、純粋な利益ではありません。

企業でいえば売上高のようなもので、ここから日々の生活に必要な食費、光熱費、住居費、交通費、学費、娯楽費などを支払っていきます。所得税も差し引かれます。これらの経費をすべて賄った上で、残ったお金を貯蓄に回し、最終的には老後の生活資金になる訳ですが、仮に老後の必要資金が3500万円だとしたら、これを貯めるのはかなり大変なことです。

でも、歳を取ってから路頭に迷わないようにするためには、たとえ大変でも、コツコツと貯めていく必要があります。

特にこれから就職する学生や、まだ社会人になって間もない若い人にいっておきたいのですが、自分の全人生に必要なお金は、自分自身が生み出す富によって賄われるものだという考えを、今からしっかり頭に入れてほしいのです。だからこそ、前述したように、自分が将来どれだけの富を生み出すのかを、ある程度は把握しておく必要があるのです。

また、自分自身が生み出す富の総額を把握し、余ったお金を貯めるだけでなく、それをいかに上手に働かせるか、ということも考える必要があります。**余裕資金を経済活動の中に働きに出すことによって、自分が働いて収入を得るのと同じように、お金にも働いてもらい、収入が得られるようにするのです。**

その08

運用し続けられるものに投資する

お金を働きに出すのはいいのですが、問題はどこで働かせるかです。

株式市場、債券市場、不動産市場、コモディティ市場、外国為替市場という具合に、お金を運用するためのマーケットはたくさんあります。しかも、株式市場一つを例に挙げても、日本だけでなく米国や中国、インド、欧州というように、世界各国に株式市場は存在しています。それは株式市場に限った話ではなく、債券市場、不動産市場も同様です。日本からこうした世界中の市場にアクセスするのは、比較的容易です。

ただ、**大事なのは「運用し続けられること」です**。

例えば、ブラジルを代表する株価指数に「ボベスパ指数」というものがあります。

ブラジルといえば、かつてはＢＲＩＣｓ（ブラジル、ロシア、インド、中国の４カ国の総称）の一角を占め、高い経済成長が期待された国です。新興国への投資が注目されるなか、２００8年5月にはボベスパ指数も7万２５００ポイントまで上昇しましたが、その後はリーマンショックなどの影響で一転して下落トレンドに変わり、２０１6年1月には4万ポイント割れまで下落しました。下落率は約45％にも達しました。

新興国の株式市場は全般的に値動きが荒く、政情不安などによって株価が急落するケースがよくあります。また、日本の株式市場にも、個別銘柄で見るとかなり値動きの荒いものがあります。

このように、値動きの荒いことを「ボラティリティが高い」というのですが、この手の投資対象は、大きなリターンを得る可能性がある反面、大きく損をするリスクもあります。そして、ここでの問題は、大きな損失を被ったとき、じっと我慢して持ち続けられるかどうかということです。

再びボベスパ指数を例に挙げると、２００8年5月に7万２５００ポイントをつけたときに買った人たちは、その後、わずか4カ月間で3万ポイント割れまで下落したとき、恐らく恐怖心に駆られて損切りしてしまうケースが大半だったと思います。

新興国市場への投資は長期的に考えることが大事だといわれても、これだけの急落をもろに食らったら、耐えられない人が出るのは無理のないことです。その後、ボベスパ指数は、2010年1月にかけて再び7万ポイント台まで戻しましたが、今度は2016年1月にかけて、4万ポイント割れまで長期的に下落しました。長い時間をかけてダラダラと値下がりしただけに、途中で耐えられなくなって逃げた人も大勢いたはずです。

「長期投資が大事なんだ」と思っていても、長く、深く値下がりする状況に直面すると、多くの投資家は弱気になります。そうなると、我慢ができずに売却、もしくは解約してしまいます。ボラティリティの高い投資対象は、長期投資を前提にしたとしても、結果的に長期投資できない状況に追いつめられる恐れがあるのです。

したがって、**長期投資をする場合は、あまりにもボラティリティの高いものは避けたほうが無難です。**

特にiDeCoは長期投資が前提になるので、積み立て期間中、いたずらにハラハラするのも、精神衛生上、決していいものではありません。**なるべく預貯金で積み立てているのに近い安心感で、じっくり付き合える投資対象で運用するべきです。**

その09

先進国に分散投資して最低年利3％を目指す

かといって、預貯金での運用は前述したように、超低金利によってほとんどお金が殖えない状況が今後もしばらくは続くでしょう。

預貯金にお金を置いておくというのは、お金を働かせていないのとイコールです。

iDeCoの商品ラインナップでも、「元本確保型商品」として定期預金、保険商品が含まれており、現実的にはこの手の元本確保型商品にお金を置いたままというケースが結構あるようです。ただ、これでは運用している意味がほとんどないばかりか、口座管理手数料によってコスト負けしてしまうリスクもあります。

だから、**iDeCoで老後資金を作りたいと考えている人は、少なくとも今の金利情勢下では、元本確保型商品での運用は前提にしないほうがいいでしょう。**

では、なにで運用すればいいのかということですが、**私は、米国、欧州、日本といった先進国株式市場に新興国市場も加えた世界中に分散投資する投資信託をお勧めします。**

「それではリスクが高いので心配」というかたは、**世界の先進国株式市場と債券市場に分散投資するバランス型ファンドがいいでしょう。**いずれも投資信託なので、株価が大きく下げれば、投資元本を割り込むリスクはあります。

しかし、世界中の株式市場に分散投資するタイプであれば、新興国の株式市場だけに集中投資するときのように、短期間のうちに元本が半分以下にまで下落するようなことは起こりにくく、短期間で大儲けといった、FX（外国為替証拠金取引）や株式のデイトレードのようなリターンは期待できない代わりに世界のGDP成長率に準じるようなリターンはじゅうぶんに期待できます。

ちなみに、世界のGDP成長率は、OECD予測で2017年が3・3％です。

したがって、**バランス型ファンドに投資すれば、年平均で3％前後のリターンは実現可能です。**これが世界の株式市場のみで運用するならば、年間のリターンがマイナスになる年もあると思われますが、長期で平均すると年5～7％のリターンは実現可能なはずです。

この手の投資信託をじっくり保有し続ければ、預貯金よりも高いリターンで、かつ新興国株式のみよりも低いボラティリティで、ハラハラドキドキせずに運用できるでしょう。

ちなみに、毎月2万3000円を年平均3％で、30年間積み立てた場合の合計額は、1331万4000円になります。年平均5％であれば1875万3646円、年平均7％であれば2689万7410円になります。

その10

運用期間はできるだけ伸ばし、複利効果を得る

よく「資産運用は若いうちから始めたほうがいい」といわれます。

なぜだかわかりますか。

そのほうが、より確実に資産を殖やすことができるからです。

ここでいう「より確実に」については、二つの意味があります。

一つは、運用期間が長くなるほど、複利効果が高まるからです。

複利運用では、一定の運用期間中に得られた収益（配当・分配金）を引き出さず、その収益を再度同一の商品に再投資することで、雪だるま式に投資元本を大きくしていきます。

同じ運用期間、同じ運用利回りなら、単利運用に比べて複利運用のほうが、より早く殖やすことができるのです。

具体的に比較してみましょう。

元本100万円を30年間、年平均3％で単利運用した場合、最終的な元利合計金額は190万円です。

これに対して、同じ条件で複利運用をすると、最終的な元利合計金額は242万7262円になります。複利にするかしないかによって、52万7262円もの差がつくのです。この差は非常に大きいといわざるをえません。

しかも、この比較は金額も小さいのですが、これがiDeCoのように、積み立てによって徐々に投資金額のボリュームが膨らみ、かつ運用期間が長くなっていくと、複利運用効果はさらに高まります。だからこそ、iDeCoをはじめ、老後の資産形成をする際は、できるだけ若いうちから始めることが肝心なのです。

100万円を年利3%で30年運用した場合の単利と複利の違い

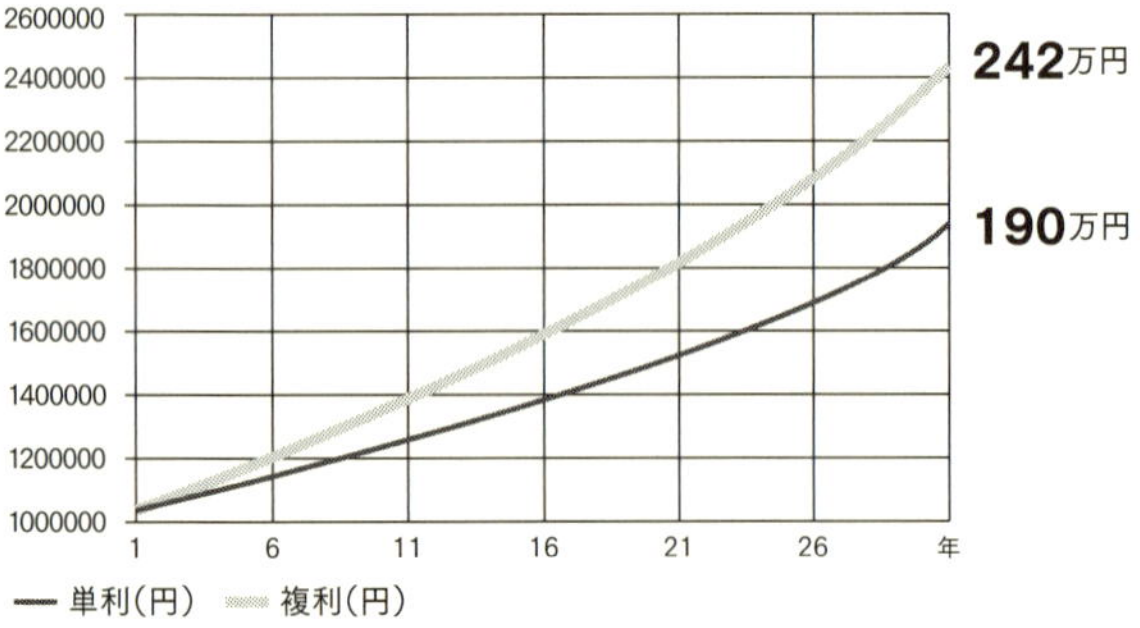

単利と複利の仕組み

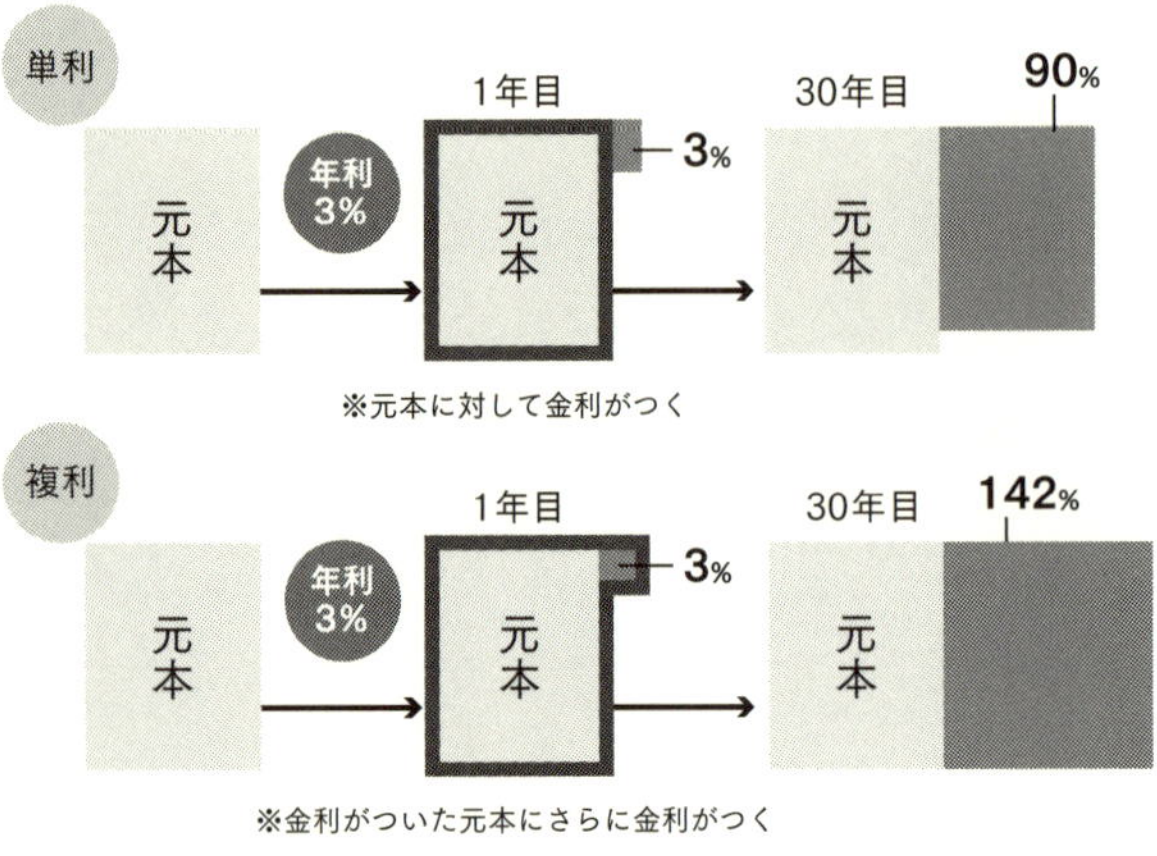

その11

長期の運用がリスクを軽減する

また運用期間が長くなればなるほど、無茶なリスクをとらずに運用できるので、着実に資産を殖やすことができます。

例えば、10年後に1000万円をつくるために、毎月5万円ずつ積み立てていくとしたら、年平均9・4％の運用利回りが必要になります。

ところが、15年後に1000万円をつくるために、毎月5万円ずつ積み立てるとしたら、年平均利回りは1・4％ですむのです。

同じ金額を積み立て運用するのに、積み立て期間が10年だと約10％の利回りで運用しなければならないのに、積み立て期間を15年にすると、運用利回りを1・4％まで下げることができるのです。たった5年でこれだけの差が出るのは非常に大きいことです。

資産運用の世界において、リターンとリスクは原則として比例するものなので、目標利回りが高くなるほど、高いリスクを負って運用する必要があります。ということは、逆に、**運用期間を長く伸ばせば伸ばすほど、投資リスクを小さく抑えることができるのです**。結果、より確実に運用できることになります。

ところで、ｉＤｅＣｏの積み立ては60歳になった時点で終了ですが、運用は最長70歳までできることをご存じでしょうか。手数料などはやや高めになりますが、運用指図者という立場で運用できるのです。

仮に60歳時点で、ｉＤｅＣｏの資産が１８７５万円あったとしましょう。この時点で受け取ってしまったら、１８７５万円でしかありませんが、さらに10年間運用を続けたら、70歳時点でどのくらいまで増えているでしょうか。

年平均利回りを３％に設定して計算すると、70歳時点の資産額は２５１９万円になっています。もちろん、あくまでも目安に過ぎませんが、70歳になった時点で２５１９万円の資産があったら、その後の生活はかなり安泰だと思います。70歳のときにこの資金をさらに年平均３％で運用しつつ、毎月10万円ずつ引き出していった場合、２５１９万円が底を尽くまでに要する期間は、32年と10カ月です。つまり、１００歳を超えるまでお金が残っているということになります。この点は大きな安心感につながるでしょう。

したがって、**60歳になったからといって運用から手を引くのではなく、70歳までは運用指図者としてiDeCoで運用し、さらに70歳以降は、NISAなどの非課税口座があればいいのですが、なかったらそのまま一般口座で運用します。**もちろん、そのころまでにNISAの非課税期間などがさらに延長されるようであれば、NISAに資金をシフトさせたほうがいいでしょう。いずれにしても大事なのは、ずっと運用し続けることなのです。

その12

期待リターンをどこに置くか

複利運用による効果は、運用期間が長くなるほど高まります。

一つの目安として、常に私が頭の中に入れているのは、年7%の運用利回りで、毎月3万円ずつ30年間積み立てると、総額で3508万円になるというものです。

毎月3万円をずっと積み立てし続けるのは、決して楽なことではありませんが、それでも7％で運用した先に3508万円という大きな塊ができることを考えると、やる気も出てくるでしょう。ただ、ここで大事なのは、自分の期待リターンをどこに置くか、ということです。

期待リターンとは、投資家がある資産について、将来、平均的にこの程度のリターンは得られるだろうという期待値を意味します。当然、資産によって期待リターンは異なります。具体的に、資産クラス別の期待リターンはどのくらいなのでしょうか。

JPモルガン・アセット・マネジメントが、今後10〜15年のマクロ経済見通しにもとづき、期待リターンの長期予想を公表しました。その2017年版によると、資産クラス別の期待リターンは、次のようになります。

日本国債……………………………………………0・25％
日本株式……………………………………………4・75％
先進国国債（日本を除く・為替ヘッジなし）………1・25％
先進国国債（日本を除く・為替ヘッジあり）………0・75％
先進国株式（日本を除く）…………………………5・5％

米国リート……………………………………………5・0%
マクロ・ヘッジ・ファンド（為替ヘッジあり）……2・75%
グローバルインフラ……………………………………5・25%

期待リターンの一番のベースになるのは、ここには記載されていませんが、世界の経済成長率だと思います。では、**世界経済が今どのくらいの成長率を維持しているのかというと、3%程度です。それも、世界経済が踊り場にあるといわれながらも3%成長ですから、ポテンシャルとしては3～5%程度はあると見ています。**

先進国の株式と債券に分散投資した場合の期待リターンがこの程度ですから、先進国株式だけで考えると、これよりももう少し期待リターンは上がります。ここでは日本を除いた先進国株式の期待リターンは5・5%です。

ただ、期待リターンを実現させるには、先ほどからお話ししているように、じっくり長期で保有しなければなりません。**ちょっと上がったから売る、下がったから怖くなって売るということを繰り返していると、このような期待リターンは実現しません。場合によっては、マイナスのリターンになる恐れもあります。**

その13

13年間で約28倍になった投資信託もある

こんな例があります。

フィデリティ・インベストメンツという米国の運用会社が運用している、「マゼラン・ファンド」という投資信託があります。このファンドは著名投資家であるピーター・リンチが運用していた13年間で、年平均29%という驚異的なリターンを実現しました。

仮に、このファンドを100万円分購入して13年間保有し続けたら、なんと2739万円になっていたことになります。また、月々3万円を13年間積み立てし続けたら、3692万円という金額になっていたはずです。

ところが、なぜかこの間にマゼラン・ファンドに投資していた投資家の7割は、大儲けどころか、損をしていたという事実があります。

なぜでしょうか。

それは、**多くの人が買ったり売ったりを繰り返していたからです。ちょっと値上がりすれば売って利益を確定したくなるのは、どの国の人も同じなのでしょう。逆に、ちょっとでも値下がりすると、今度は怖くなって売却してしまうのです。**

それでは資産を殖やすことは不可能です。

ピーター・リンチという偉大な投資家によって実現した年平均29％というリターンを享受できたのは、ひたすらマゼラン・ファンドを保有し続けた一部の投資家だったのです。

米国にはこのほかにも、「アメリカン・ファンズ・インベストメント・カンパニー・オブ・アメリカ」という投資信託がありますが、これは運用開始が１９３４年という御長寿ファンドです。この間、戦争、幾度となく繰り返された好不況や金融危機を乗り越えて、年平均のリターンは、実に12・18％をマークしています。

これは、ｉＤｅＣｏの運用にも通じるものがあります。「運用」というと、多くの人は細かく買ったり、売ったりを繰り返して利益を確保するというイメージにとらわれている人が少なくありません。

確かに、安値で買って高値で売るのが投資の鉄則と考えられていますが、本当にそこが安値なのか、あるいは高値なのかは、結局のところ誰にもわかりません。間違った判断をすれば、それこそ前出のマゼラン・ファンドの事例ではありませんが、年平均29％ものリターンを出している投資信託なのに、まったく儲からなかったということになりかねないのです。

なので、iDeCoで運用する際も、リバランスなどを含めて自分の判断で売買をするのではなく、**ひたすら保有し続けられる投資信託を探して、長期保有するほうが、最終的には高いリターンを享受できる可能性が高いのです。**

その14

自分でリバランスはしない

リバランスとはなにか、ご存じでしょうか。

例えば、次のようなポートフォリオで資産運用を始めたとします。

運用資金は200万円です。

国内株式…………50万円
外国株式…………50万円
国内債券…………50万円
外国債券…………50万円

本来なら、日本という経済が縮小していく国への投資比率がポートフォリオ全体の50%を占めるなどということ自体ありえないことなのですが、わかりやすいようにあえてこのような配分にしてみました。これによって、各資産クラスの配分比率は25%ずつになります。

では、運用を開始してから3年後、各資産クラスの評価額は次のようになったとします。

国内株式…………80万円
外国株式…………100万円
国内債券…………47万円

外国債券……………80万円

当初200万円からスタートし、3年後には300万円まで増えた計算です。そして、各資産クラスの比率は次のようになります。

国内株式……………26・66％
外国株式……………33・33％
国内債券……………13・33％
外国債券……………26・66％

このように運用スタート時の比率に比べると、だいぶバラツキが生じています。

そこで、比率が上がったものについては下げ、比率が下がったものについては上げることによって、再び運用スタート時の運用比率に戻すというのが、リバランスの考え方です。

この時点の評価額は300万円なので、当初のとおり、各資産クラスへの配分比率を25％ずつにすると、それぞれ75万円になるように調整します。

つまり、国内株式は5万円売却、外国株式は25万円売却、国内債券は35万円買い増し、外国債券は5万円売却となります。そうすれば、各資産クラスの配分比率が25％ずつに調整できます。

ただ、これを毎度、自分で実行しようとすると、かなりの手間がかかります。そもそも、どの程度の頻度で行えばいいのか、いつ実行するのがいいのか自体、個人ではなかなかわからないでしょう。

リバランスは、運用のプロであれば非常に綿密に行っています。例えば、「セゾン・バンガード・グローバルバランスファンド」のリバランスは、それこそ運用担当者が、どの時期に、どのように行えば、運用成績の改善につながるのかということを日々考えて、実践しています。それでも、1年間で改善するリターンは数ベーシスポイント程度です。

これは非常に悩ましい問題で、数ベーシスでもリターンは改善しているのだから、プロの世界ではしっかり行うべきことなのですが、個人が1年間、一所懸命にリバランスなどを行った結果、数ベーシスのパフォーマンス改善ということを知ったとき、どう考えるでしょうか。おそらく、「これだけ努力をしても数ベーシスしか改善しないの？」と思うに違いありません。

だから、リバランスを綿密に行うことを、個人投資家にはあまりお勧めしません。逆に、リバランスするタイミングなどを間違えて、それこそ1％程度の損失を被ってしまうケー

※1ベーシスポイント＝0.01％

スも想定されるからです。

なので、もしリバランスをやらないと気がすまないのであれば、**最初からリバランスをきちんと行ってくれる投資信託を買ったほうがいいと思います**。

投資信託の場合、どの程度の頻度でリバランスを行っているのかは、ファンドによって異なります。

その15

インフレに強い資産を持つ

インフレについては前章でも触れているので、ここでは簡単に説明しますが、資産運用で大事なこと、それは常にインフレに勝てる資産を持つことです。

インフレに勝つとはどういうことでしょうか。

目下、日本国内は物価がなかなか上昇せず、まだデフレの残滓《ざんし》を引きずっています。例えば、2016年12月現在の消費者物価指数上昇率は総合で0・3%、生鮮食品を除く総合が0・2%のマイナスでした。どうやら、まだデフレの影響から完全に脱することができずにいるのが現状です。ちなみに、日銀は一応、消費者物価指数で年2%の上昇を目指しており、それを実現させるために質的・量的金融緩和を実行していますが、なかなか現実はうまくいかない状況が続いています。

こうなると、多くの人がデフレに親しんでしまい、物価が上がらないのが普通の感覚になってしまいます。ただ、それは日本経済にとって、極めてネガティブな要因になります。

デフレが進めば、日本国内で販売されているサービスやモノの値段が下がり、それらを提供している企業の利益が圧迫され、従業員の給料はなかなか上がらなくなります。上がらないどころか、下がってしまうものです。

そうなると、人々はますますサービスやモノを買わなくなりますから、企業側はさらに値下げを行います。結果、企業の利益が圧迫され、従業員の給料はまた下がり……という感じでスパイラル的にデフレが加速していきます。いわゆる「デフレ・スパイラル」の様相を呈してくるのです。

デフレ経済においては、モノよりも現金の価値が上がります。例えば、1個1000円のモノを、1万円で購入できるだけ購入するとしたら、購入できる数は10個です。

ちなみに、デフレが進んでいるときは、極端な話、現金を握りしめているだけでもお金の価値は目減りしませんでした。金利が0%でも、デフレによって物価が1%下落すれば、お金の価値は1%増えることになります。

では、その後、モノの値段が1個1200円に値上がりしたとしましょう。1万円で1個2000円のモノが買える個数は5個です。

このように物価水準が上昇すると、同じ金額を出しても、買えるモノの量が減ります。つまり、お金の価値が目減りしたことを意味します。したがって、資産運用をする場合は、少なくともインフレ率を上回る程度の期待リターンが得られるものに投資します。

では、インフレに強い資産はなんでしょうか。

昔から、インフレに強い代表的な資産といえば、株式、不動産、金といわれてきました。

ただ、今は少し状況が違います。

例えば、不動産。確かに、1980年代後半の不動産バブル期において、日本の土地は物凄い勢いで値上がりしました。日本は山間部が国土の75%を占めており、人が家を建てたり、工場を建てたりする平野部は、わずか25%しかありません。バブルのときは、それこそ旺盛な住宅事情を反映して、家やマンションがどんどん建ち、企業も好景気を反映して国内に生産拠点を造ったので、空いている土地が減り、地価は永遠に上昇するとまで思われていました。だから、日本の地価は常にインフレ率を上回るように上昇を続けたのです。

では、今はどうでしょうか。もうこれ以上、家もマンションも工場も建てられないような、深刻な土地不足になったでしょうか。おそらく、みなさんの周りを見てもわかると思いますが、そこまで土地が深刻な逼迫状況になったという話は聞いたことがありません。

それどころか、これからは人口減少によって、むしろ土地は余ってくるでしょう。すでに、地方では空き家問題が深刻化しています。

つまり、**これからはインフレになろうとなるまいと、長期的な需給関係を見れば、地価は全体としては下落の一途をたどる可能性が高く、必ずしも不動産を保有してさえすれば、インフレリスクを確実にヘッジできるという状況ではなくなっているのです。**

金には多少、インフレヘッジの機能があると思われますが、金価格は海外の取引価格が大きく影響することを忘れてはなりません。いくら日本がインフレになったとしても、海外で取引される外貨建ての金価格が上昇しない限り、日本の円建て金価格だけが上昇することはないと考えられるのです。

過去、金価格が急騰した局面を見ると、1980年初頭の急騰は第二次オイルショックや旧ソ連のアフガニスタン侵攻、イラン革命など、いわば海外で生じた資源価格の高騰に伴うインフレ懸念や、地政学リスクの高まりを背景にしたものですし、2008年の急騰は中国など新興国経済の発展に伴う資源価格の上昇が要因でした。

いずれも国際情勢の大きな変化が、海外の金価格の急騰を促し、結果的に国内の金価格の上昇が引き起こされました。逆に、これまで日本を起因にして金価格が急騰したケースはほとんどないのです。

ということは、仮に日本で量的・質的金融緩和を継続した結果、物価が上昇したとしても、国内の金価格がそのインフレリスクをヘッジできるほど値上がりするかどうかはわかりません。

では、株式はどうでしょうか。

おそらく、**株式投資が最もインフレリスクをきちんとヘッジできると思われます。**

というのも、インフレが進めば企業が販売する製品、サービスの価格も値上がりするので、名目上の売上が伸びるからです。つまり、インフレが3％進めば、売上も3％増えるという理屈です。

2％程度の緩やかな物価上昇であれば、株式が最もインフレヘッジには有効と考えられます。したがって、**株式や株式投資信託などの株式関連商品を保有するのが、インフレをヘッジしながら資産を殖やすのに適しているのです。**

その16

節税は誰にでもできるリターン向上策

リバランスによって可能なリターンの改善は、わずか数ベーシスポイント程度ですが、それでもプロの運用者はそこに心血を注いでいます。運用の世界でリターンを1％改善しようとしたら、それは本当に大変なことなのです。

したがって、私たちはiDeCoやNISAといった運用益に対して課税されない制度の存在に、もっと敏感になったほうがいいのです。実際に得られるリターンをベースに考えると、そのありがたみがよくわかると思います。

リターンに対して通常20％が課税されるということは、仮に一定期間中に得られたリターンが10％だとしたら、それが8％になるのと同じなのです。

そして、iDeCoのような制度を用いれば、運用益に対する課税が非課税になります。

そのため、10％のリターンが8％にならず、10％のままで利益を享受できるのです。リバランスでわずか数ベーシスのリターンの改善に心血を注いでいることからすれば、これは本当に偉大なことといってもいいでしょう。

だから、iDeCoにしてもNISAにしても、投資関連の非課税制度は、それらを利用できる立場にあるならば、絶対に利用しないといけないのです。

そのうえで、**iDeCoの節税メリットをさらに有効活用する方法を考えてみたいと思います**。

前述したように、iDeCoは運用期間中に生じた運用益だけでなく、払い込んだ掛金も所得控除の対象になります。

所得控除とはどういうものかご存じかと思います。生命保険の保険料なども所得控除の対象になっており、年末調整をすることによって、払い込んだ保険料の一部が戻る仕組みになっています。

なぜ、生命保険に加入して払い込んだ保険料が所得控除の対象になっているのかというと、生命保険は国が行っている社会保障制度を補完するためのものと考えられているからです。国が行っている社会保障制度は、国民の生活を守るために存在していますが、なかには社会保障制度だけではカバーできないものもあります。

例えば、ガンを治療するためには高額の医療費が掛かる訳ですが、その全額を健康保険制度だけでカバーすることはできません。だから、民間の生命保険会社が提供しているガン保険が必要になります。

このように、生命保険は国が行っている健康保険制度の一部を補完するものだから、国としては多くの国民に加入してもらいたいのです。だから、そのインセンティブとして、税金面でのメリットを認めているのです。

ｉＤｅＣｏもそれと同じです。

国としては年金財政が厳しくなっているから、国民一人ひとりに自己責任で公的年金を補完するために、ｉＤｅＣｏで資産形成をしてもらいたいと考えています。だからこそ、手厚い税制面のメリットを認めているのです。

問題は、それを私たちがきちんと理解しているかどうかです。

例えば、年末調整が行われると、12月か1月の給与支給額が増えた気がします。これは通常の給料に、年末調整の還付金が加味されるからですが、なかにはこれを「お小遣いが増えた～！」などといって、つい一杯飲みに行ったり、無駄に消費を増やしたりしてしまうかたもいることでしょう。

でも、年末調整の還付金はボーナスでもなんでもありません。あくまでも自分が働いて稼いだお金で払い込んだ保険料の一部が戻ってきているだけに過ぎないのです。繰り返しますが、くれぐれも還付金はボーナスではないということを理解してください。それにもかかわらず、還付金をボーナスだと思って使ってしまったら、それは単なる消費に過ぎません。

なので、**還付金は必ず再投資に回すようにしてください**。

もちろん、還付金をｉＤｅＣｏの拠出金に回せれば一番いいのですが、現在の制度ではそこまで認められていないので、できればＮＩＳＡの口座を使います。２０１８年からは積み立て型ＮＩＳＡが誕生し、今後20年間は制度が維持されるので、還付金は積み立て型ＮＩＳＡを用いて積み立てておけば、還付金自体も非課税で運用できます。

そうすることで、**複利の効果が働き、将来の資産形成にさらに弾みがつくからです。節税分を活用することで、ｉＤｅＣｏとＮＩＳＡで３０００万円つくりだすのは、決して難しいことではないでしょう**。

第3章

iDeCoで成功する絶対法則

その17

運営管理機関の口座管理手数料を比較する

ｉＤｅＣｏを始めるには、まず運営管理機関に口座を開くところから始まります。運営管理機関とは、ｉＤｅＣｏを取り扱う銀行や証券会社（ネット証券）、保険会社などの金融機関のことです。

運営管理機関を選ぶ際のポイントは、コストと品揃え、使い勝手のよさですが、実は運営管理機関の数は１００以上もあるため、大半の人にとってはどこを選んでいいのかさっぱりわからないと思います。

ここで参考になるのは、ｉＤｅＣｏの加入対象が拡大した２０１７年１月以降、ｉＤｅＣｏの口座契約数を大きく伸ばした金融機関はどこかということです。

１００を超える運営管理機関のうち、ｉＤｅＣｏの口座を大きく伸ばしているのは、

SBI証券、楽天証券、りそな銀行の3つしかありません。

この3つの金融機関は、個人に対してiDeCoの口座開設のメリットをアピールしてきた結果、契約数が伸びたのだと思います。逆に、それ以外の運営管理機関は積極的に取り組まなかったということになるでしょうか。

例えば、コストについてです。

iDeCoで運用できる商品は、預金や保険などの元本確保型商品と投資信託で構成されています。

この中から、運用商品を選択するのですが、投資信託の場合、それを保有している期間中、各投資信託によって決められている「運用管理費用（信託報酬）」という手数料が差し引かれていきます。それに加え、iDeCoに加入することによって別途差し引かれるコストもあるのです。

まず、iDeCoに加入した時点で、「事務手数料」が掛かります。これは、大半の運営管理機関で一律になっていて、加入時に2777円が掛かります。ごく一部ですが、事務手数料を高めに設定しているところもあります。SBI証券がそれで、事務手数料の額は3857円です。

とはいえ、その差は、1080円でしかありません。しかも、30歳で加入した人からすれば、60歳までの30年間加入して1080円の差ですから、1年あたりの差はたったの36円です。そこに長い時間を掛けて、どの運営管理機関が有利かを探すのは、あまり意味がありません。

コストに関して重要なのは、加入時にかかる事務手数料よりも口座管理手数料を見ていくことです。

口座管理手数料とは、iDeCoに加入している間、支払い続けるコストのことです。国民年金基金連合会、運営管理機関、事務委託先金融機関の三者に対して、加入者が毎月負担するものです。

このうち、国民年金基金連合会に対して負担する月額103円と、事務委託先金融機関に対して負担する月額64円は一律ですが、運営管理機関に対して負担する月額手数料は、運営管理機関が自由に決められるので、それぞれまちまちなのです。

口座管理手数料で最も安いのは、運営管理機関への負担を無料にしているところです。この部分が無料になると、加入者が毎月負担する口座管理手数料は、国民年金基金連合会に対して支払う月額103円と、事務委託先金融機関に対して支払う月額64円の計167円のみになります。

iDeCoの手数料の仕組み

事務手数料（加入時だけかかるもの）	口座管理手数料（毎月かかるもの）
・国民年金基金連合会への口座開設手数料（すべて一律2777円）	・国民年金基金連合会への手数料（すべて一律、月103円）
	・運営管理機関への手数料（あるところとないところがある　月0〜464円） ⇐ この手数料で差が出る
・運営管理機関への手数料（あるところとないところがある）	・事務委託先金融機関への手数料（すべて一律、月64円）

逆に、高額の負担を求めているところもあります。

一部の地方銀行の場合、運営管理機関に対して負担する月額が４６４円にもなります。４６４円と無料の差は、決して小さくありません。

もちろん、口座管理手数料は定額なので、積み立て額が増えていくほど、年金資産全体で見た場合の負担率は低くなります。年金の積み立てをスタートさせた直後、年金資産額が２万３０００円の時の６１７円は、割合にして２・６８％ですが、加入から10年が経過し、仮に年金資産の額が３００万円になったときの負担率は、０・０２％まで低減します。

ただし、これは考え方にもよります。例

えば、毎月の掛け金で見た場合です。

月々口座管理手数料が６１７円で、月々の拠出額が２万３０００円の場合、月々の拠出額に対して２・６８％の手数料が掛かります。毎月の拠出額が１万円なら、月々の拠出金に対する手数料負担は６％を超えます。これは決して低いとはいえないでしょう。

したがって、**口座管理手数料はできるだけ安いところを選ぶことが最善なのです。**

運営管理機関に支払う口座管理手数料の負担が最も少ないのは、無料のところです。これに該当するのは、地方銀行のスルガ銀行です。スルガ銀行の場合、口座管理手数料は無料なので、月々の負担額は１６７円ですみます。

次に口座管理手数料の負担額が低いのは、拠出した金額が一定額に達した時点で、口座管理手数料を無料にするところです。例えば、ＳＢＩ証券の場合、拠出した金額が50万円以上になった時点で、月額１６７円になりますが、50万円未満までは月額４９１円が掛かります。

楽天証券は、ＳＢＩ証券よりもずっとハードルが低く、拠出金額が10万円以上になった時点で、月額１６７円になります。しかも、新規開設から1年間は無料なので（２０１７年3月現在）、最初の1年で拠出額が10万円になればその後は月額１６７です。

このように、口座管理手数料の安さで運営管理機関を選ぶなら、スルガ銀行、楽天証券、SBI証券などがあげられます。

ちなみに最近、このように一定条件のもとで口座管理手数料を安くする運営管理機関が増えています。例えば、損保ジャパン日本興亜アセットマネジメントだと、拠出金の額が200万円以上になった時点で月額167円になります。同社は、拠出金額によって段階的な口座管理手数料を採用しており、100万円以上200万円未満が月額307円、100万円未満が月額491円に設定されています。また、第一生命保険は、拠出金額が150万円になると月額167円になり、150万円未満の時は月額482円になります。

このように口座管理手数料は、運営管理機関によってだいぶ多様化が進んでいますが、現状、スルガ銀行、楽天証券、SBI証券の優位性は、ほかの運営管理機関と比べて抜きんでているのは事実です。りそな銀行は、口座管理手数料ではこの3社に及びませんが、問い合わせに対して窓口やコールセンターなどで丁寧に対応しているので、こうした点も検討材料の一つに考えるのもいいでしょう。

口座管理手数料が安い&
口座開設数が増えている運営管理機関

金融機関		
SBI証券	加入時のコスト	3857円
	毎月の手数料	167円（資産50万円以上） 491円（資産50万円未満）
	取扱商品例 （信託報酬）	三菱UFJ国内債券インデックスファンド（0.1296％） ひふみ年金（0.8208％） DCニッセイ日経225インデックスファンド（0.2700％） 三井住友・DC外国債券インデックスファンド（0.2268％） DCニッセイ外国株式インデックス（0.2268％） 三井住友・DC外国リートインデックスファンド（0.3024％） DCニッセイJ-REITインデックスファンドA（0.270％） DCインデックスバランス（株式20）（0.1836％） ほか51本
楽天証券	加入時のコスト	2777円
	毎月の手数料	167円（資産10万円以上） 393円（資産10万円未満）
	取扱商品例 （信託報酬）	三井住友・DC世界バランスファンド（動的配分型1.2856％） たわらノーロード　先進国株式（0.2430％） 三井住友・DC日本株式インデックスファンドS（0.2052％） 三井住友・DC日本リートインデックスファンド（0.2808％） 三井住友・DC外国リートインデックスファンド（0.3024％） セゾン資産形成の達人ファンド（1.5500％） セゾン・バンガードグローバルバランスファンド（0.7100％） ほか19本

金融機関		
スルガ銀行	加入時のコスト	2777円
	毎月の手数料	167円
	取扱商品例（信託報酬）	インデックスファンド日本債券（0.4860%） ダイワ投信倶楽部外国債券インデックス（0.7020%） DC・ダイワ・ストックインデックス225（0.5616%） インベスコMSCIコクサイ・インデックス・ファンド（0.7560%） 年金積立・グローバル・ラップ・バランス（安定型）（1.1016%） DCダイワ・グローバルREITインデックスファンド（0.5724%） マイ・ストーリー・株25（0.594%） フィデリティ・日本成長株・ファンド（1.6524%） ほか22本
りそな銀行	加入時のコスト	2777円
	毎月の手数料	483円
	取扱商品例（信託報酬）	DCニッセイ国内債券インデックス（0.1944%） DCニッセイ国内株式インデックズ（0.1728%） DIAM外国債券インデックスファンド（0.2700%） インベスコMSCIコクサイ・インデックス・ファンド（0.7560%） DC新興国債券インデックス・オープン（0.5940%） DC新興国株式インデックス・オープン（0.6264%） DCニッセイ/パトナム・グローバルバランス債券重視型（1.1880%） DCニッセイ/パトナム・グローバルバランス標準型（1.4040%） ほか25本

※キャンペーンによって、手数料の割引、免除などが適用されることがある

その18

品揃えを比較する

iDeCoの運用商品は、元本確保型商品と投資信託で構成されています。元本確保型は、定期預金と保険商品がメインです。また、保険商品には、生命保険商品と損害保険商品があります。

基本的に、元本確保型商品は元本割れリスクがないので、加入直後、どの投資信託で運用するか決まらない場合、定期預金をとりあえずの一時的な避難場所にしておくのはいいでしょう。ただ、元本確保型商品のうち、生命保険商品は保険期間を満たさない状態で解約すると、元本を割り込むリスクがあります。そのため、一時避難的に元本確保型商品を利用するなら、定期預金のほうがいいでしょう。

さて、前述しましたが、将来的な年金を作っていくという観点からすると、元本確保型商品についてはこの程度しか利用価値はありません。そのため、**運用商品選びは、どの投資信託にするかに絞ることになります。**

豊富な品揃えがあだとなることも

ちなみに、品揃えという点では、SBI証券がほかを圧倒していて、投資信託だけでも全部で約60本というラインナップを扱っています。しかし、**問題はあまりにも品揃えが多いと、今度は選ぶに選べないという人が出てくることです。**

例えば、日経225平均株価に連動するインデックスファンドが複数本あります。アクティブファンドの品揃えもかなり豊富ですが、「バリュー株」、「中小型割安成長株」、「社会的責任投資」といわれたとき、それが自分の資産運用にとってどのようなメリット、デメリットがあるのかを判断できる人がどれくらいいるのでしょうか。

同じように、外国債券を投資対象とした投資信託についても、名称を見ただけでは、そのファンドが持つリスク度合いを判断することはなかなか難しいと思います。

しかも、これだけさまざまな商品特性を持った投資信託のうち、いずれか1本だけを選んで資金を拠出するのは、非常に偏ったポートフォリオを持つのと同じことです。

例えば、日本のバリュー株だけに投資するのが、将来的に果たして正しいのかどうかという点を理解しておく必要があります。

では、具体的にどのような観点で、投資信託を選ぶのがいいのでしょうか。**まず、コストについてです**。「コスト、コスト」とあまりにもうるさいと思われるでしょうが、運用管理費用（信託報酬）の安い投資信託を選ぶようにしましょう。というのも、運用によって0・5%リターンを改善するのは大変なことですが、コストが0・5%安い投資信託を選ぶのは、比較的容易だからです。投資対象によって妥当なコストの水準はけっこう違うものです。単純なインデックスファンドなら、できるだけ手数料の安いものが有利です。そして、バランス型ファンドなら1%未満、株式アクティブファンドなら1・5%台を上限として選ぶべきでしょう。

次に、**投資先についてです**。「新興国」「日本株」「中小型割安成長株」など、特定のテーマに集中したポートフォリオで運用する投資信託は避けましょう。この手の投資信託を、自分のポートフォリオ構築のパーツの一つと捉え、いくつかのパーツを組み合わせて積み立て投資していくという方法もあります。しかし、このやり方をきちんと実践していくには手間暇がかかりすぎます。長期で運用していく場合、こうしたハードルの高い投資法を行うと、途中で嫌になったり、うまくいかなかったりするものです。**先進国を中心に世界中の株式と債券を組み入れて分散投資している「バランス型ファンド」か、先進国を中心とした世界の株式に分散投資している「株式アクティブ型ファンド」が、最も適した選択です**。

最後が、**投資信託の運用会社についてです**。これは取り扱っている投資信託の運用会社が偏っていないところを選ぶことです。なぜかというと、純粋に商品のよさ以外で選ばれていることを回避するためです。運営管理機関の中には、さまざまなしがらみから特定の運用会社の投資信託ばかりを扱っているところがあります。こうしたところは、公平な視点で商品のよさで投資信託を選んでいない恐れがあるので、この手の運営管理機関では口座を開かないことが無難です。よい投資信託を取り揃えている運営管理機関を選ぶようにしましょう。

簡単にまとめると、運用管理費用が安い投資信託を多く取り揃えていて、先進国を中心に世界中の株式と債券に分散投資しているバランス型ファンドや先進国を中心に世界の株式に分散投資している株式アクティブ型ファンドがあり、特定の運用会社の投資信託に偏らない品揃えの運営管理機関が望ましいことになります。

その

19

始めるのは今しかない

投資は短期にしろ長期にしろ、タイミングを見計らって売り買いをするものだと思っている人が、意外と多いようです。

確かに、トレードをするのであれば、タイミングを計ることは大事です。株式は安く買って高く売るのが基本だからです。

ただ問題は、そもそも本当に安値で買い、高値で売ることができるのかということです。実は、**マーケットのタイミングを上手に見計らって売買し、利益を確保するのは相当難しいことなのです。**

投資の名著に、『敗者のゲーム』というものがあります。筆者は、チャールズ・エリスという、米国の有名な投資コンサルタントです。この本の第3章に書かれているのが、過去の検証を行った結果、タイミング投資は当たらないことが立証されています。

1980年から2008年までの28年間における、米国を代表する株価インデックスであるS&P500の年平均リターンは、11・1%でした。28年間ということは、日数にすると1万227日です。このうち、デイリーベースで最も値上がりをした上位10日を外して平均リターンを計算すると、8・6%まで低下してしまいます。同じく、最も値上がりをした上位20日を外すと、平均リターンは6・9%になり、さらに最も値上がりをした上位30日を外すと、平均リターンは5・5%まで低下してしまうのです。

この数字が物語るものは、なんでしょうか。

1万227日のうちの10日ということは、この日数を捉えて高いリターンを得られる確率は、0・01%にも満たないことを意味します。つまり、一番値上がりしたとき、それに乗れる確率は非常に低く、しかもそれに乗れないと、リターンが大幅に低下するということです。

では、あなた自身はこの0・01%にも満たないチャンスを、きちんと捉える自信があるでしょうか。このことからわかるのは、**「安く買って、高く売る」を実践するのは非常に難しいということです。これは投資経験の長いプロでも同じです。**

今まさにiDeCoを始めようとしている人は、「安く買って、高く売る」という法則にもとづいて、いつ、どのタイミングで投資信託を買おうかと考えている人がいると思います。

iDeCoを通じて資産形成している人の7割近くは、定期預金で積み立てているといわれています。元本割れリスクを避けたいので、定期預金で積み立てている人もいれば、いずれ投資信託を買おうと考えて、その原資として定期預金の積み立てを選択している人もいるでしょう。そして、後者の人は前述したように、いつ投資信託を買うか、そのタイミングを見計らっているはずです。

しかし、チャールズ・エリスの『敗者のゲーム』によれば、タイミングを計って高いリターンが得られる確率は、極めて低いことがわかっています。iDeCoでの運用も同様です。タイミングを見計らって、いつから始めるかということに腐心するのは、得策ではありません。**口座開設の際には、どの投資信託で積み立てるのかをきちんと決め、すぐにスタートし、ただただ積み立てを継続していくことが肝心なのです。**

もし、「いつから始めればいいのでしょうか」という質問があれば、それに対する答えはたったの一つです。

まさに今が始めるチャンスなのです。

その20

定期預金の積み立ては得策ではない

ある証券会社を運営管理機関にした加入者が、どういう商品で運用しているのかを調べたところ、加入者の7割が元本確保型の商品で運用していたという話をしました。つまり、定期預金に積み立てていたのです。

この事実を、どう考えればよいのでしょうか。

7割もの人が元本確保型商品で運用しているのは、そうした人たちが所得控除を重視してｉＤｅＣｏに加入していたからです。確かに、この所得控除による節税分だけでも、じゅうぶんな利回りが確保できます。例えば、企業年金がない年収５００万円の会社員が、拠出限度額である2万３０００円を毎月掛けた場合、1年間で5万５０００円ほど節税ができます。これを利回りに計算し直すと、およそ20％にもなるのです。今の低金利からすれば、これは驚異的な高利回りといってもいいでしょう。

ただ、iDeCoのそもそもの目的は、自分自身の年金をつくっていくことにあります。**いくら節税メリットがあるからといって、元本確保型商品のみで運用しているのは、現預金でお金を持っているのとなんら変わりありません。**

それが将来、どれだけマイナスになるかということを、私たちはしっかり考える必要があります。

2017年2月現在、iDeCoの定期預金に適用されている利率は年0・01%です。2万3000円に対して1年で0・01%の利率だと、実際の利息はたったの2・3円です。2万3000円を10年間積み立てたとして、利率が変わらず年0・01%だとしたら、10年後の元利合計額は276万1369円で、元本は276万円に対してこの10年間でついた利息額は1369円に過ぎません。

仮に、月間の口座管理手数料が480円だとしたら、年間で5760円、10年間で5万7600円ですから、利息額をはるかに上回る口座管理手数料を払うことになります。**実質、元本割れといってもいいでしょう。**

これに加えて、経済・金融環境の変化にも留意する必要があります。

目下、日本は未だデフレ気味ですが、**将来的にはいずれインフレに転換することがじゅうぶん考えられます**。これは、2016年9月の日銀金融政策決定会合において、日銀がイールドカーブ・コントロールを導入したことが、なによりも雄弁に物語っています。

前述しましたが、イールドカーブ・コントロールとは、物価上昇率がある一定水準に達するまで、金融抑圧を行うというものです。つまり、物価が2%上昇したとしても、日銀が金利を意図的に抑え込むため、金利がゼロ%に張りついたままの状態になるのです。物価上昇は一度火がつくと、あっという間に2%の物価目標を達成したうえに、さらに上昇する可能性もあります。

そうして物価が年2%上昇する一方で、定期預金の利率が年0・01%のままだったら、いくらiDeCoで運用をしても資産は殖えていきません。逆に、物価上昇分がカバーできていない訳ですから、この場合だと年1・99%ずつ資産価値が目減りしていくことになります。

確かに、iDeCoの運用商品のうち、定期預金は元本確保型商品に含まれていますが、このように物価水準が上昇に転じたり、あるいは口座管理手数料などのコストが割高だったりすると、実質的に元本割れの恐れがあるのです。

したがって、**iDeCoで運用する場合、最低でも世界経済の成長率に準じるという意**

味で、年3%程度の期待リターンが得られる投資信託を選び、それで積み立てていくことがとても大事なのです。

その21

日々の運用成績は確認しない

実際に投資を始めると、自分の運用している商品が今どのくらいの値段がついているのかが本当に気になるものです。特に、これまで投資の経験がない人は、なおのことでしょう。とにかく、今いくらなのかということが気になって仕方がないのです。

だから、**私は皆さんにお伝えしています。iDeCo成功の最大のポイントは、「日々の運用成績は気にしないこと」にあると。**投資信託の場合、「基準価額」といって、その投資信託の時価を示す数字が日々公表されていますが、それは見ないほうがのちのちうまくいくからです。

なぜなら、それを日々チェックしたところで、なにができる訳でもないからです。

iDeCoは長期的に積み立てていくことに主な目的があります。その間には、さまざまな経済、金融情勢の変化に応じて、マーケットは浮き沈みを繰り返します。結果、こうしたマーケットに投資している投資信託の運用成績は、日々上下することになります。

しかし、**基準価額の上下に惑わされず、長期的なスタンスで保有し続けられるか否かで、将来手にできる年金の額が大きく違ってくるのです。**ここで投資家としての胆力が問われるといってもいいでしょう。

人間は本当に弱いもので、自分が投資している先の値段が大きく上昇すると、さっさと売却、もしくは解約することによって利益を確定させたくなるものです。

しかし、だからといって保有していた投資信託を売却したところが、そのマーケットの天井であるとは限りません。さらに上方修正される可能性があります。投資先のマーケット自体はさらに大きく値上がりしたのに、自分自身が得られた利益は、極めて小さいという結果になりかねないのです。

逆に、自分が保有している投資信託の値段が大きく下落すると、今度はその投信を持っていること自体が怖くなって、早く手放そうとします。そして、実際に手放したところ、そこが大底で反転上昇するケースもよくあります。

いずれにしても、日々の値動きを追っていると、値動きに踊らされるリスクに囚われてしまうのです。だから、**日々の値動きは、基本的に追わないほうが結果うまくいくと思ってください**。

その22

会社を辞めたらすぐに移管手続きを

ここに従業員の福利厚生が手厚い会社に勤める、29歳女性Aさんがいたとします。このたび、めでたく結婚することになりました。現在、彼女は企業型確定拠出年金に入っていて、勤務先からの資金拠出によって年金資産を着実に積み上げています。

彼女が企業型確定拠出年金に加入したのが、今から7年前。月々の拠出額は3万円でした。したがって、この7年間で彼女が拠出を受けた年金の額は、総額で252万円にもなります。

そして結婚後、退職し、その後はしばらく専業主婦でいることにしました。もちろん、働き続けるべきなのか、それとも専業主婦をするべきなのか、ということを論じるつもりはありません。

ここで大事なことは、企業型の確定拠出年金に加入していた人が、勤務先をなんらかの理由で辞めた場合、勤務先で加入していた企業型確定拠出年金の加入資格が喪失するということです。つまり、もうこれ以上、自分が加入してきた企業型確定拠出年金の運用は継続できないのです。

ただ、**確定拠出年金制度のいいところは、自分の年金を自由に持ち運べる「ポータビリティ」にあります**。これまで企業型確定拠出年金を利用していた人が、とある理由でその加入資格を喪失したとしても、新たな勤務先などに確定拠出年金制度があれば、そこに今までの年金資産を移して続けることができます。

また、もしAさんのように専業主婦になるのであれば、第三号被保険者としてiDeCoの口座を新たに開設し、そこにそれまでの年金資産を移して、その後は自分で資金を拠出して運用を継続できるのです。

転職や退職などで、こうしたケースはよくあることです。例えば、次のようなケースが考えられます。

- 企業型確定拠出年金に加入していた人が、企業型確定拠出年金のない企業に転職した場合。
- 役員就任によって企業型確定拠出年金の対象者でなくなった場合。
- 企業型確定拠出年金に加入していた人が、公務員になった場合。
- 企業型確定拠出年金に加入していた人が、独立して個人事業主になった場合。

企業型確定拠出年金に加入していた人が、第三号被保険者になったAさんのケースに加え、以上のようなケースが想定されます。

いずれにしても問題なのは、かつての勤務先で加入していた企業型確定拠出年金からの移管手続きをせずに、放置してしまうことです。この場合、**企業型確定拠出年金の資格喪失から6カ月以内に、iDeCoやほかの企業型確定拠出年金に移管させるか、もしくは脱退一時金を請求する手続きを行わないと、その個人別管理資産はすべて現金化されたうえで、国民年金基金連合会に自動移管されます。**

自動移管されると、いくつかの点で問題が生じてきます。

例えば、

- **まったく運用されないので、資産が殖えない。**
- **老齢給付金の受給が可能な年齢になったとしても、受給できない。受給できるようにするためには、iDeCoへの移管手続きを取る必要がある。**
- **自動移管の期間は確定拠出年金の加入期間とは見なされないため、老齢給付金の受給開始年齢が60歳以降に先延ばしされる可能性がある。**
- **管理手数料が毎月51円（年間612円）、個人別管理資産から差し引かれる。**

ここで事例に挙げたAさんの場合、退職時に元本部分のみで252万円の個人別管理資産がありましたから、そこから年間612円が差し引かれたとしても、それほど大きな痛みにはなりません。

資格喪失したのが29歳ですから、そのまま60歳まで放置していたとしても、31年間で支払う管理手数料は1万8972円です。確かに、1万8972円がなにもしないうちに個人別管理資産から差し引かれるのはもったいない話ではありますが、この程度であれば、それほど深刻な問題にはなりません。

ただ、国民年金基金連合会に自動移管された後は、まったく運用が行われていない訳ですから、それこそ、前出の事例にもあったように、それは大事な老後の資産を現預金で持っているのと同じことになります。

したがって、この間にインフレが進んだ場合には、管理手数料が差し引かれる以上の痛手を被る恐れがあるのです。この点にはじゅうぶんに注意する必要があります。

金融抑圧によるインフレ時代を迎えるにあたって、まったく運用をしないという選択肢はありえないからです。

企業型確定拠出年金から·iDeCoへの移管手続きは、iDeCoの運営管理機関からいずれか一つを選択し、そこで手続きを行えば大丈夫です。ちなみに、資産の移管完了までは通常、2～3カ月はかかります。

その

23

60歳で運用をやめてはいけない

これは本当に大事なことなので、何度でも繰り返しお話しさせてもらいます。

個人型でも企業型でも、確定拠出年金は60歳になった時点で積み立てが終了します。そして、確定拠出年金は、60歳までの加入期間が10年あれば、60歳で老齢給付金を受け取る権利が発生します。もちろん、少しでも早く給付金を受け取りたいという気持ちはわからないでもありません。この日のために、長い期間、コツコツと積み立ててきたんだから、その果実を一刻も早く受け取りたいと誰しも思うものです。

でも、あえて申し上げますが、**60歳で（全額）受け取らないほうが断然有利なんです**。

ただ、「いや、俺は63で死ぬことになっているんだ」という人は別ですが、そんな人はほとんどいないと思います。

iDeCoは、60歳になった時点で積み立てが終了しますが、その後も運用だけは続けることができます。その場合は、**「運用指図者」という立場になり、70歳になるまでの10年間運用を継続できます**。

ここで注意したいのは、「運用を指図する立場」だからといって、売ったり買ったりを繰り返すのは愚の骨頂だということです。本書を読んでiDeCoに加入したかたは、加入期間中、間違えても売ったり買ったりを繰り返さないでしょうから、ぜひとも60歳以降もそのスタンスを貫いてください。60歳以降は資金を拠出して資産を積み上げていくことはできませんが、運用によって資産を殖やすことはできます。

しかも、運用益に対して非課税というメリットは、運用指図者として運用を続ける場合も同じです。このメリットはできるだけ先延ばしにして使い切りたいところです。

国民年金や厚生年金といった公的年金は、65歳が受給開始年齢です。

今後10年後、あるいは20年後には、定年が65歳まで伸びる可能性が高いのですが、その一方で公的年金の受給額は減っていくと思われます。したがって、**ある程度の生活レベルを維持しようと思ったら、公的年金以外のほかの方法でその不足分を補う必要があるのです**。

その方法の一つが、65歳まで働くこと。いや、できれば70歳まで働きたいところです。そして、70歳まではiDeCoの運用を継続し、70歳で仕事を引退したら、公的年金とともにiDeCoの老齢給付金を受け取ればいいのです。そうすれば、70歳以降も手厚く年金を受給できるはずです。

60歳以降の運用で注意しなければならない点を、一つあげておきます。

よくいわれるのが、**「60歳以降は働くことによって得られるキャッシュフローがなくなります。だから、運用先は元本割れリスクの低いものに集中させましょう」**というものです。

投資信託の一種に「ターゲットイヤーファンド」というものがあります。

第4章でもお話ししますが、いわゆるバランス型ファンドの一つで、ファンド名の最後に2020、2030というような西暦が記載されています。例えば、2020だとしたら、2020年に向けてリスク資産の比率を引き下げていき、ターゲットイヤーである2020年には、国内債券100％という低リスクのポートフォリオで運用される仕組みになっています。

そして、ターゲットイヤーの西暦を、自分自身がリタイアする年に合わせて購入すると、別段、自分でポートフォリオの調整を行わなくても、自分の年齢にしたがって、徐々にリスク資産を減らしていく運用が可能になるという、いささかおせっかいな投資信託です。

これも、「お年寄りはリスクを減らした運用を」という考え方にもとづいています。

でも、本当に60歳以降はリスクを取らない運用をしたほうがいいのでしょうか。この疑問を徹底的に考えてみたいと思います。

確かに60歳、もしくは65歳で定年を迎えれば、「給料」という名のキャッシュフローはなくなります。そうなると、当然、お金に対する考え方も保守的になってくるので、それが「60歳になったら、リスクゼロの運用をしましょう」という考え方につながっているのだと思います。

でも、よく考えてもらいたいのが、世の中の変化です。

60歳以降、じゅうぶんな額の年金が受け取れるのであれば、資産の多くを現預金で持っていてもよいでしょう。

しかし、それはもう望めない話です。冒頭でも触れましたが、公的年金の支給額はほぼ確実に減額されていきます。健康保険の財政事情も悪化し、今後は自己負担分が増えていくはずです。日本の経済力は人口減少によって後退し、財政赤字によって円の信用力が後退し、円安、インフレが進むリスクも考えておかねばなりません。

こうしたリスクを多少なりともヘッジするためには、「60歳以降、リスクはできるだけ取らずに運用しましょう」などといってはいられないのです。**60歳以降も運用はやめず、それこそ自分が死ぬまでずっと運用を続けるほうが得策なのです。**

「それだと、せっかく運用で殖やした資産を使うことができないではないか」という声もありそうですが、一定額を取り崩しながらも、運用を続けていくことが可能です。また、もし、相方が亡くなり、自分も亡くなるというときになって資産が余ったとしても、そんなものは放っておけばいいのです。

いや、自分の子供や孫に相続しましょう。

相続難に陥るほどの巨額な資産があるならば、税金対策をしっかり行う必要がありますが、そういう範疇《はんちゅう》に含まれない普通の人々なら、相続対策などに頭を悩ませる必要はありません。いくばくかの資産は、自分の子供や孫に譲ればよいのです。そうすれば、世代間の富の移転も進み、より消費意欲の高い世代がその資産の一部を使うことによって、日本経済の成長にもつながります。

いずれにしても、60歳以降もずっと運用を続けましょう。

そのためには、運用を継続できる資産で運用する必要があります。あまりにもハラハラドキドキが続くような運用だと、高齢になってからは長続きしません。

その点でも、年2桁の大きな値上がりは期待できないものの、一方で大きく値下がりすることもない、世界中の株式や債券に分散投資する**優良なバランス型ファンドを選んで投資するのが一番なのです**。

第4章

iDeCoは
この投資信託の中から
1本を運用しなさい

その24

自分でポートフォリオを組む必要はない

iDeCoの口座を開設し、いよいよ積み立てを始めるにあたって、どの投資信託を買えばいいのか迷っているというかたがかなりたくさんいると思います。

そこで、この章では、**私が独断と偏見で「今、iDeCoで買ってもいい投資信託はこの7本!」といい切ってしまいます。**

皆さんにはこの中から1本だけを選び、長期で積み立て投資をしていただければ、将来の年金資産づくりが実現可能とお勧めできるものです。これなら、商品選びに迷いがなくなり、誰でも実践できると思います。

とはいえ、私もiDeCoに採用されている投資信託の会社の社長をやっていますから、「どうせ自分のところの投信を押すんでしょ」という声も聞こえてきます。

もちろん、お勧めします。セゾン投信で運用している投信が、公正な目で見て本当に優れていれば、勧めない理由はありません。そして、もちろんほかの投資信託会社が運用しているものがよければ、それもきちんと取りあげさせていただきます。

正直なところ、投資信託を選ぶにあたって、どの運営管理機関も、取り扱う投信の本数が多すぎるのではないかと思うのです。某ネット証券会社が扱っている投信の本数は約60本です。これは一体どういう基準で選んでいるのか、担当者に聞いてみたいところです。

かつては、品揃えが多ければ多いほどいいという時代がありました。1980年代後半のバブル経済なんて、まさにその典型です。例えば、自動車の販売ディーラーが扱っていた車種を見ると、ほんのちょっと外観を変えただけの車が別の名前で、異なる販売店で売られていました。このようなペースでどんどん車種が増えていったら、消費者は見分けがつかなくなります。

これは行動経済学でもいわれていますが、品揃えが多すぎると人は迷ってしまい、選べなくなる訳です。先の証券会社のように、iDeCo用の投資信託だけで60本もあったら、多くの人はなにをどう組み合わせればいいのか、わからなくなるでしょう。

特に、iDeCoで初めて投資をするような皆さんにとっては、なおのことだと思います。そして、商品のラインナップを見たとき、数少ない見覚えのあるものが、「定期預金」

だったりします。前述したように、ある証券会社ではｉＤｅＣｏの７割が定期預金に集中しているといわれています。その原因は、日本人の多くが預金に絶対の信頼を寄せていて、かつ所得控除を目的にしてｉＤｅＣｏに加入している人が大勢いるからと考えられます。

また、投資信託の一覧を見ても、それぞれがどういうものか皆目見当がつかないことも原因の一つといっていいでしょう。

では、これだけ数多くの投資信託を取り揃えているなかで、なにをどう組み合わせれば有効なのか。これが実にわかりにくいのです。そもそも、同じ「日経２２５平均株価」という株価インデックスに連動する投資信託が複数用意されていることに、なんの意味があるのか。

このように考えていくと、**ｉＤｅＣｏで採用されているほとんどの投信は、外していいと思います**。

私は、ｉＤｅＣｏの運用はできるだけシンプルにすべきだと思っています。そうすることで、さらに加入者が増えるのではないでしょうか。

そのためには、品揃えをもう少し絞り込むべきです。

私の結論としては、世界中の株式と債券に分散投資したグローバル・バランス型の投資信託１本、もしくは、世界中の株式に分散投資するグローバル株式型（株式アクティブ型）

投資信託の2本だけで、iDeCoの運用はじゅうぶんだと考えています。

この2本の投資信託だけでじゅうぶんだとしたら、複数のインデックスファンドを組み合わせてポートフォリオをつくったり、定期的にリバランスを行って運用したりする手間も必要ありません。iDeCoはそのくらい無意識に使えるほうがいいのです。

その

25 どうしても日本株に投資したければ、アクティブ型で

先ほどから、iDeCoでは世界中の市場への分散投資をお勧めしていますが、日本という市場についてはどうかというと、**iDeCoで日本株に投資する必要はほとんどないと考えています。**

冒頭から何度もお話ししていますが、日本経済は今後、人口の減少によって縮小してい

くものと思われるからです。経済が縮小していくなかで、企業がどんどん儲かることなどは、総体的には考えにくいでしょう。全体的に企業の売上が落ちれば、利益は縮小し、そのファンダメンタルズを反映して株価は下落します。そのため、**日経225平均株価や東証株価指数に連動したインデックス運用の投資信託だけを長期保有しても、おそらく報われないでしょう**。

ここでは、「どうしても日本株に比重を置きたい」という人のためのお話をします。

もちろん、いくら株式市場全体が下がっても、すべての銘柄が値下がりする訳ではありません。東証1部市場だけでも、2000銘柄が上場されているからです。リーマンショックのような事態にならない限り、株式市場全体が下がっても、2000銘柄中、100銘柄や300銘柄は値上がりしていくでしょう。

また、長期で見た場合、日経225平均株価のような株価インデックスが下落しても、個別銘柄の中には株価が上昇トレンドを描く銘柄は実はたくさんあります。実際、相場全体の下落に逆行して、過去最高値を更新している個別銘柄はたくさんあるのです。日本の有名な大企業の中にも、トヨタ自動車、ユニチャーム、日本電産、キーエンスなど、多くの企業が過去最高値を更新してきました。

つまり、銘柄を選別して投資すれば、市場全体が下落していても長期的にはきちんと利益が得られるのです。

運用スタイルはインデックス運用とアクティブ運用に分かれますが、このように、**市場全体の動きと関係なく好業績を続ける銘柄を選別する投資を、アクティブ運用といいます。**

株式市場全体に連動するインデックス運用に対して、アクティブ運用は、日経225平均株価などのインデックスをベンチマーク（目標値）として、それを上回るリターンを目指します。インデックスと同じ銘柄構成では、ベンチマークを上回る運用成績は残せません。アクティブ運用のポートフォリオに組み込まれている銘柄は、市場平均以上のパフォーマンスのものが中心になります。

もう、おわかりいただけたのではないでしょうか。**ｉＤｅＣｏを通じて長期投資をするにあたり、もしどうしても日本株単体のファンドをポートフォリオに組み入れたいなら、インデックス運用ではなく、銘柄を厳選したアクティブ運用の投資信託を買うべきだということです。**

日本経済の低迷、日本企業全体の業績悪化に関係なく、持続的に成長できる企業だからです。この手の企業の株価は、市場全体が下落しても、強固な財務体質、持続的成長力などを反映して、株価が上昇トレンドをたどる可能性が高まります。本来のアクティブ運用とは、まさにこうした銘柄を見つけることで、市場全体の値動きに連動するインデックス運用を上回るリターンを目指すものです。

ただ、これには問題があります。

そもそも、「いいアクティブファンド」を見つけられるのか、ということです。これについては、あくまでも相対的な比較になりますが、①コスト、②効率的運用という2点を比較して、いいと思われるアクティブファンドを探すしか方法はありません。

ここでいうコストとは、投資信託にかかる「運用管理費用（信託報酬）」のことです。投信を積み立て投資している間、運用を行う投資信託会社、管理をする受託銀行、そして販売金融機関に対して、運用管理費用を負担します。この運用管理費用が、年間で何％なのかを調べておきましょう。

アクティブファンドの多くは、運用管理費用が年1％を超えるものが多く、**1％程度の料率であれば、相対的に見てじゅうぶんリーズナブル**と判断していいでしょう。

次に効率的運用ですが、これは**過去の運用成績が少なくても5年程度はあるものを選んで、シャープレシオという指標を調べます。このデータが相対的に高いものが、過去によい運用をしっかり行ってきているファンドということができます。**

こうした点を総合的に勘案したうえで、優れたアクティブファンドかどうかを判断します。また、R&I（格付投資情報センター）が行っている「R&Iファンド大賞」などの効率的運用成果を中立的に評価している投資信託評価を参考にするという手もあります。

その26

バランス型ファンドでも使えないものもある

私は、iDeCoの運用にはバランス型ファンドが一番いいと思っています。この意見に異論のある人もいると思いますが、**今まで投資経験のない人が抵抗なく資産形成の世界に入っていくには、バランス型ファンドは値動きが抑制された合理的なポートフォリオだからです。**

バランス型ファンドとは、株式と債券でポートフォリオを構築して運用するタイプの投資信託を指しています。かつては、国内株式と国内債券だけでポートフォリオを構築しているタイプが中心でしたが、最近は、**「グローバル・バランス型」といって、国内だけでなく、諸外国の株式市場、債券市場、なかにはREIT市場にも分散投資しているタイプもあります**。

ただ、こうしたグローバル・バランス型の中にも、高品質なファンドと単純構成のファンドがあるのです。単純構成のグローバル・バランス型ファンドは、資産配分比率が均等に固定された原始的なもので、その結果として日本市場の投資比率が高くなってしまうのです。例えば、4資産均等分散という考え方があります。国内株式、外国株式、国内債券、外国債券という4つの資産に、それぞれ25％ずつ投資するものですが、この方法だと日本のマーケットだけで50％も投資することになります。

また、外国株式と外国債券を、先進国株式、新興国株式、先進国債券、新興国債券の4つに分け、これに、国内株式、国内債券、さらには国内REIT、先進国REITの4つを加えて、全部で8資産に均等投資するというタイプもあります。これだと、分散投資効果がさらに高まるという印象を受けますが、それでも日本のマーケットへの投資比率は、37・5％にもなります。

正直なところ、このような均等投資でよしとするものは、運用する側の思想や理念はまったく反映されたものではありません。最適な資産配分を追求する運用理念は省略して、ざっくり4資産、8資産に均等投資しているというシンプルなしつらえといえましょうか。

一方で、金融市場の規模や経済規模の大きさに応じて、一定の合理性に基づいて資産配分を構成するのであれば、日本への投資比率は相応に小さくなるはずです。日本への偏った資産配分が是正されれば、世界経済の実情に裏打ちされた真のグローバルポートフォリオになるので、こうした高品質なバランスファンドがこれからもっと選択できるようになればいいなと思っています。

ちなみに、セゾン投信の2本のファンドは、世界の証券市場全体の時価総額に占める、各国の時価総額をベースに計算されています。なぜGDPではなく、証券市場の時価総額をベースにしたのかというと、マーケットはしばしば、実体経済から乖離して価格が形成されるからです。投資信託はあくまでも証券市場の値動きを反映させて、リターンとリスクを受益者に還元する仕組みですから、証券市場の値動きを忠実に反映してポートフォリオの比率を決めたほうが自然体だと考えているのです。

ついでに、セゾン・バンガード・グローバルバランスファンドにおける国内株式への投資比率は現状4・1%、国内債券への投資比率は7・1%です。両方を合わせても11・2%です。また、アクティブファンドへの分散投資を通じて、世界の株式市場に分散投資する「セゾン資産形成の達人ファンド」でも、国内株式への投資配分比率は10%程度にすぎません。4資産均等投資、8資産均等投資に比べても、日本市場への投資配分比率が低いことがおわかりいただけると思います。

4資産均等分散、8資産均等分散と称して、分散投資をしっかり行っているように振舞っても、「均等投資」は結局、日本への投資配分比率を高めることになるので、世界の経済実体を正しく反映しないアンバランスファンドになりがちです。

ポートフォリオは、いうなれば箱庭みたいなものです。世界経済という箱庭の中に、各国の経済力がどのようになっているのかが、一目でわかるような縮図を描く必要があるのです。したがって、**グローバル・バランス型と称していても、「均等投資」をうたっているファンドの場合、日本市場への投資配分比率が高すぎるものは要注意というのが、私の認識です。**

その27

インデックスファンドは、一部のマニアが使うもの

iDeCoの運用で、インデックスファンドの分散投資を提唱する声があります。

なぜ、インデックスファンドを勧めるのでしょうか。それは、「アクティブファンドは悪である」という以下の理由の裏返しであり、その結果、インデックスファンドがベターな選択であると、多くのインデックスファンド信奉者は考えているはずです。

アクティブファンドが悪だと考えられている理由は、

- アクティブファンドはコストが高い
- アクティブファンドの成績は長期的にインデックスファンドに負ける
- アクティブファンドは運用がブラックボックス

- アクティブファンドはわかりにくい
- アクティブファンドは初心者に不向き

といったところでしょうか。

これらをいちいち検証するのに紙数を割く訳にもいきませんが、気になる点を簡単に説明しておきます。

コストについては、確かにインデックスファンドよりもアクティブファンドのほうが割高です。iDeCoに採用されているインデックスファンドを見ると、運用管理費用が年0・2%程度のものも散見され、確かに、この点ではアクティブファンドのコストが割高であることを認めざるを得ません。

結果的に、「コストが割高なアクティブファンドは、インデックスファンドに勝てない」ということになってくる訳ですが、**インデックスファンドに勝てるアクティブファンドが存在するのも事実です**。

なにしろ、インデックスファンドの運用成績は、市場平均への連動を目指していますから、連動目標であるインデックスが同じなら、ファンドは違っても運用成績に差はほとんど生じません。複数のファンドで運用成績を比較すると、インデックスファンドが、ある一定のリターンのところにひと固まりになっていて、その上下にアクティブファンドが来るというイメージです。さらにいえば、インデックスファンドのリターンを超えるアクティブファンドは少なく、多くのアクティブファンドはインデックスファンドの成績に勝てていないという状況ですが、それでも、インデックスファンドに勝てるアクティブファンドは、確実に存在します。

確かに、アクティブファンドにはブラックボックスが多いというイメージも、事実だと思います。最終的に、運用成績のよし悪しは、運用担当者のスキル、投資信託会社全体の運用体制、蓄積されたノウハウに依存している部分が大きく、そこはどの投資信託会社も大っぴらにしていませんから、ますますブラックボックス感が高まるのだと思います。それゆえに、わかりにくい。だから、アクティブファンドは初心者に向かないという「誤解」も生じるのだと思います。

「初心者はインデックスファンドがお勧め」などというファイナンシャルプランナーも多いようですが、インデックスファンドはポートフォリオを作るためのパーツです。

パソコンが趣味の上級者になると、自分でパーツを組み合わせ、自分の用途に合ったパソコンを自作するようですが、ポートフォリオもそれと同じです。パーツであるインデックスファンドを組み合わせ、自分に合ったリスク・リターンのポートフォリオを構築していくのですから、これは決して初心者向けのファンドとはいえません。

馴染みがあるからといって、例えば、日経225平均株価に連動するインデックスファンドを1本だけ買っても、前述したように縮小していく日本経済全体に投資するインデックスファンドでは、成長も期待できないでしょう。

もし、iDeCoの運用でインデックスファンドを用いるのであれば、自分できちんと複数の資産クラスに投資するインデックスファンドを組み合わせ、随時、比率の調整をしながら運用していく必要があります。それはもう、熟練の域に達した投資家の世界です。

iDeCoで初めて投資をしようと考えているかたは、**インデックスファンドでも世界中の株式市場に分散投資したのと同じ投資成果が期待できる、グローバル分散投資型のインデックスに連動するファンドを選ぶべきだと断言します。**

その28

ターゲットイヤーファンドは無意味

投資信託のなかには、非常に「おせっかい」なファンドがあります。例えば、前にも少し触れましたが、ターゲットイヤーファンドなどは、まさにその典型例でしょう。

ターゲットイヤーファンドは、2035、2045、2055というように、大概がファンド名の後ろに西暦の数字が入っているので、ひと目でわかると思います。この西暦に向けて、徐々にリスク資産の比率を減らし、運用リスクを低減していくのが、ターゲットイヤーファンドの特徴です。

したがって、**自分が退職する西暦に近いファンドを購入すれば、そこに向けて徐々に積極運用から安定運用へと、自動的に切り替わっていくのです。**つまり、「若いうちは積極運用で資産を大きく殖やし、定年後は債券や預金を中心にして安定的な運用を行う」というのを、ファンドが自動的に行ってくれるのです。

ただ、**ターゲットイヤーファンドは、２つの点でお勧めできません。**

まず、運用年数を経るごとに、徐々にリスク資産への投資比率が低下していくという商品設計自体に問題があります。

確かに、定年後のターゲットイヤーに向けてリスク資産の比率が低下していくのは、定年後のキャッシュフローが公的年金のみになる可能性がある場合、大きな投資リスクが取れないという理由において合理的だと思われます。

しかし、今は平均寿命が年々上昇していて、２０１５年の日本人の平均寿命は、男性が80・79歳、女性が87・05歳でした。つまり、60歳で定年を迎えたとしても、平均寿命は男性でその20年先にあるのです。

この間、全額を元本確保型の定期預金や債券にしてしまったら、金利情勢によってはまったく運用資産が殖えないことになります。それだと、自分自身が亡くなるまで、手元資金がもたなくなるかもしれません。長生きする以上、少しでも資金を運用に回し、せめて自分が生きている間は、資金が底を尽くことのないように工夫する必要があります。ですから、60歳の定年と同時に、運用からも降りてしまう商品設計は間違っていると思うのです。

第二に、マーケットの動きと逆行するリスクがあること。ターゲットイヤーファンドは、ターゲットイヤーに向けて徐々にリスク資産のポジションを引き下げていきます。

ということは、仮にこの間、株価が大きく上昇したとしても、リスク資産の比率が低下しているため、株価の上昇がリターンに反映されなくなります。株価が上昇しているのであれば、せめてその期間は多少なりともリスク資産のポジションを高めることで、そのリターンを享受したいところです。しかし、残念なことにそのような商品設計にはなっていないのです。

ターゲットイヤーファンドの商品性について説明を受けると、非常に便利なように聞こえますが、実際には以上2つの理由によって、とてもお勧めする気にはなれないのです。

ましてや、**ゼロ金利時代が長く続いている日本において、債券や預金がメイン資産にシフトしているようでは、到底インフレに打ち克って資産を育てることはできません**。

その

29

コモディティにまで手を広げる必要もない

iDeCoの投資対象を見ると、コモディティに関連した投資信託が含まれているケースがあります。コモディティとは、金やプラチナなどの貴金属、トウモロコシやオレンジ、砂糖といった食糧品、アルミニウムやゴムなどの工業用品のことです。これらを組み入れて運用するのが、コモディティ型ファンドです。

表向き、コモディティ型ファンドのメリットは、①インフレリスクを効率よくヘッジできる、②株式や債券といった伝統的資産とはその値動きが低相関である、③少額資金でコモディティに投資できる、といった点が考えられます。

しかし、それでもコモディティにまで投資する必要性が、あまり感じられないのです。

確かに、インフレリスクをヘッジできるときもありますが、それは株式投資だけでじゅうぶんです。

伝統的資産と値動きの相関性が低い点については、わざわざコモディティにまで手を出さなくても、株式と債券の組み合わせでじゅうぶん、価格変動リスクはヘッジできます。少額資金でコモディティに投資できるというメリットについては、わざわざコモディティにまで手を広げなくても、じゅうぶんリスクをヘッジしながら運用できるはずです。

ということで、**あえてコモディティ型ファンドを買う必要はないと考えます**。これは、金価格に連動したリターンを追求するゴールドファンドも同じです。

ゴールドというと、よくいわれるのが、「究極のリスクヘッジ手段」というものです。金は実物そのものに価値がある実物資産ですから、預金のように銀行が破たんしたときに預金の一部が毀損したり、あるいは債券のように発行体がおかしくなって元金の返済が滞ったりする「信用リスク」とは無縁です。

究極は国が戦争で蹂躙されたとしても、ゴールドさえあれば資産が守られるといったい方がされるのですが、冷静に考えてみてください。そこまで究極的なリスクに直面したとき、ゴールドを握りしめて逃げまどっていたら、恐らく敵に見つかった時点で没収されてしまいます。

なにより、コモディティ自体は、一切の新たな富を生み出しません。単なる価格の上下を取引するだけの投機的市場であって、経済活動の産業資本としての株式か、ビジネスが必要とする資金融通から金利収入を生み出す債券など、資本市場の礎たる王道の資産クラスとはらち外の、しょせん、亜流なマーケットだと考えてください。

そう考えると、コモディティを組み入れる本質的意義はないという結論に達します。

その
30
この7本のうち1本を選びなさい！

さて、いかがでしたでしょうか。以上の点に注意すると、iDeCoで投資すべき対象となる投資信託の数は、かなり圧縮できます。

私は以前に、『投資信託はこの9本から選びなさい』（ダイヤモンド社）という本を出したことがあります。いくつかの条件を付与してスクリーニングした結果、長期投資を前提にして1本だけでそれをかなえる投資信託は、実は数本しかないということを説明しました。

ちなみに、そのときのスクリーニングの条件は、以下のものでした。

- **信託期間が無期限であること**
- **分配金を再投資に回してくれること**
- **コストが割安であること**
- **資金流入が続いていること**
- **自動積立が可能であること**
- **世界中に分散投資できること**

ただ、iDeCoで投資する投資信託については、このときの条件にそのまま当てはめてスクリーニングする必要はありません。

例えば、長期保有できる投資信託を買うとなると、運用の継続性が重要になり、そのためには、資金流入が続いているファンドを選ぶ必要があるのです。しかし、iDeCoの場合、年金という制度に組み込まれているので、よほどのことがない限り、繰上償還リスクはありませんから、一般口座で投資信託を買うときのように、純資産総額の動向をそれほど気にする必要がなくなります。

また、iDeCoを通じて購入する投資信託は、ノーロード（購入時手数料無料）、積み立て投資、分配金再投資、信託期間無期限が前提になっているので、これまたスクリーニングの条件からは外れます。

そうなると、**スクリーニングの条件として、「世界中に分散投資できること」だけが残る訳です。**つまり、**iDeCoを通じて購入する投資信託は、究極1本だけでいいということになるのです。**

正直、iDeCoを通じて資産形成をする人は、日々投資のことを考えているのが楽しい人ばかりではないでしょう。

したがって、**ここで取りあげる7本は、まずiDeCoで初めて資産形成に取り組んでみようと考えている人向けに、これ1本でひととおりフォローできるというものです。そして、長期の資産形成に適していると思われるファンドを中心にして構成しています。**

これらは運営管理機関の別に関係なく、私の眼から見て、いいと思われるグローバル分散投資のファンドがメインです。なかでも、私がお勧めするのは、**世界中の株式と債券を中心に分散投資するグローバル・バランス型か、世界中の株式市場に分散投資する株式ア**

クティブ型のファンドで日本資産への偏重が相対的に少なく、すべて為替ヘッジをしないものです。

ｉＤｅＣｏのファンド選びの際にぜひ参考にしてください。

なお、セレクトにあたっては、運営管理機関ごとにメニューが林立していて網羅が困難なので、ｉＤｅＣｏの口座開設数が多い上位２機関、すなわち、ＳＢＩ証券と楽天証券のメニューを中心に選択しています。皆さんの中で、ほかの運営管理機関を利用される場合、列記したファンドの内容により近い条件のものを選択するように努めてください。

iDeCoで選ぶべき運用商品この7本

次ページから
ご紹介！

基準価額の推移

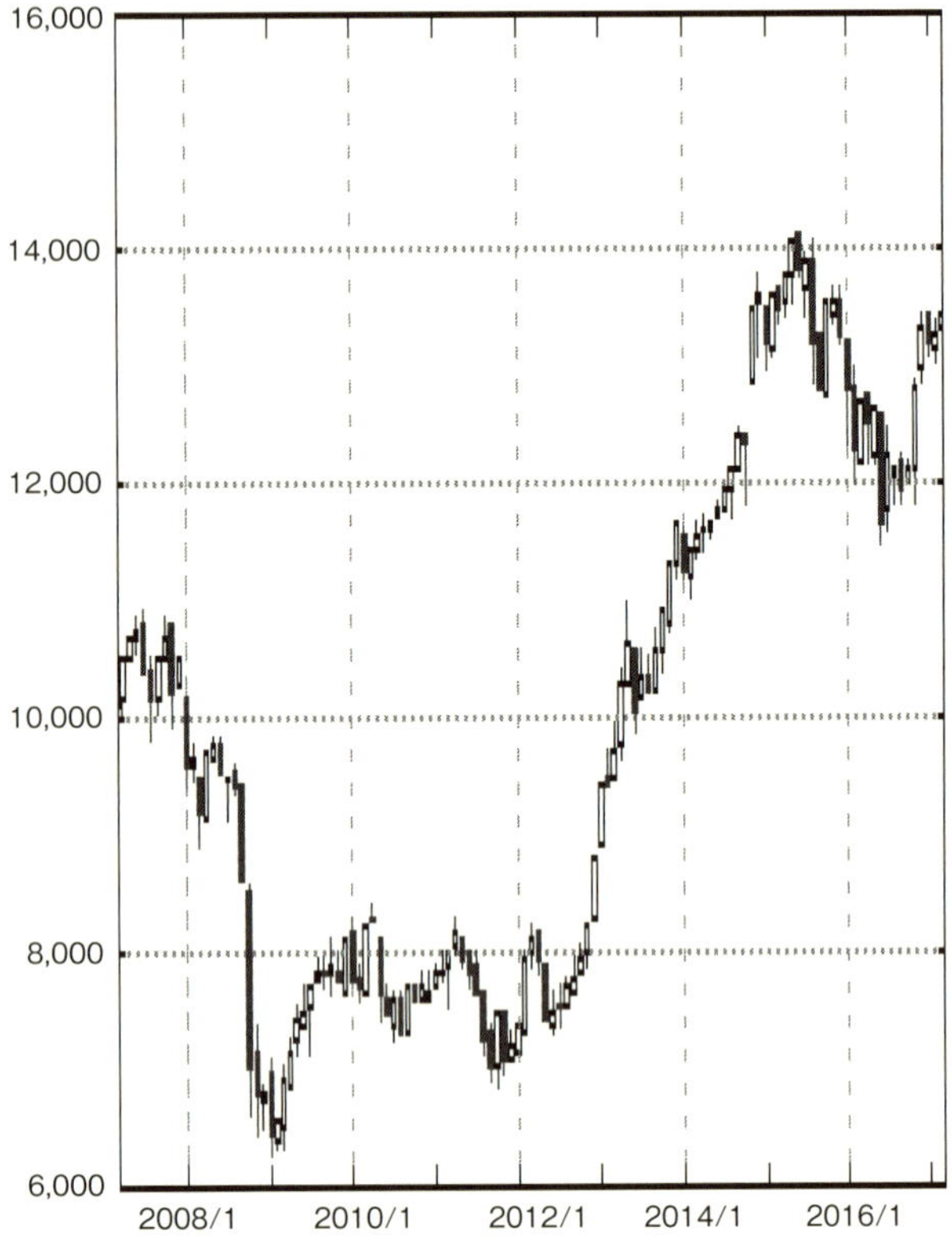
16,000
14,000
12,000
10,000
8,000
6,000
2008/1
2010/1
2012/1
2014/1
2016/1

オススメ

1 バランス型

セゾン・バンガード・グローバルバランスファンド

運営管理機関	楽天証券	運用会社	セゾン投信
純資産残高	約1300億円（2017年3月現在）	信託報酬	0.68%±0.03%（税込／概算）
設定日	2007年3月	基準価格	13,336円（2017年3月現在）

トータルリターン（2017年3月末現在）

1年	3年	5年	10年
4.80%	4.91%	10.40%	2.76%

出典：モーニングスター

特徴 主要投資対象は、国内外の株式、債券。インデックス型の外国投資証券への投資を通じて、世界30カ国以上の株式、および10カ国以上の債券に実質的に分散投資を行う。株式と債券の基本資産配分比率は、原則50%ずつとする。原則として、為替ヘッジは行わない。ファンド・オブ・ファンズ方式で運用。12月決算。

中野晴啓のココがオススメ

手前みそで恐縮ですが、弊社のファンドを紹介させてください。バンガード社のファンドを通じて、世界中の株式、債券市場に分散投資するファンドです。ポートフォリオの比率を、各国の株式市場、債券市場の時価総額ベースで決定している点が特徴です。マーケットの価格形成はしばしば実体経済と乖離する傾向が見られるため、GDP比でなくあえて時価総額ベースでポートフォリオ比率を決めています。また、非常にきめ細かくリバランスも行っています。2017年3月に、信託報酬率を年0.01%引き下げ。

基準価額の推移

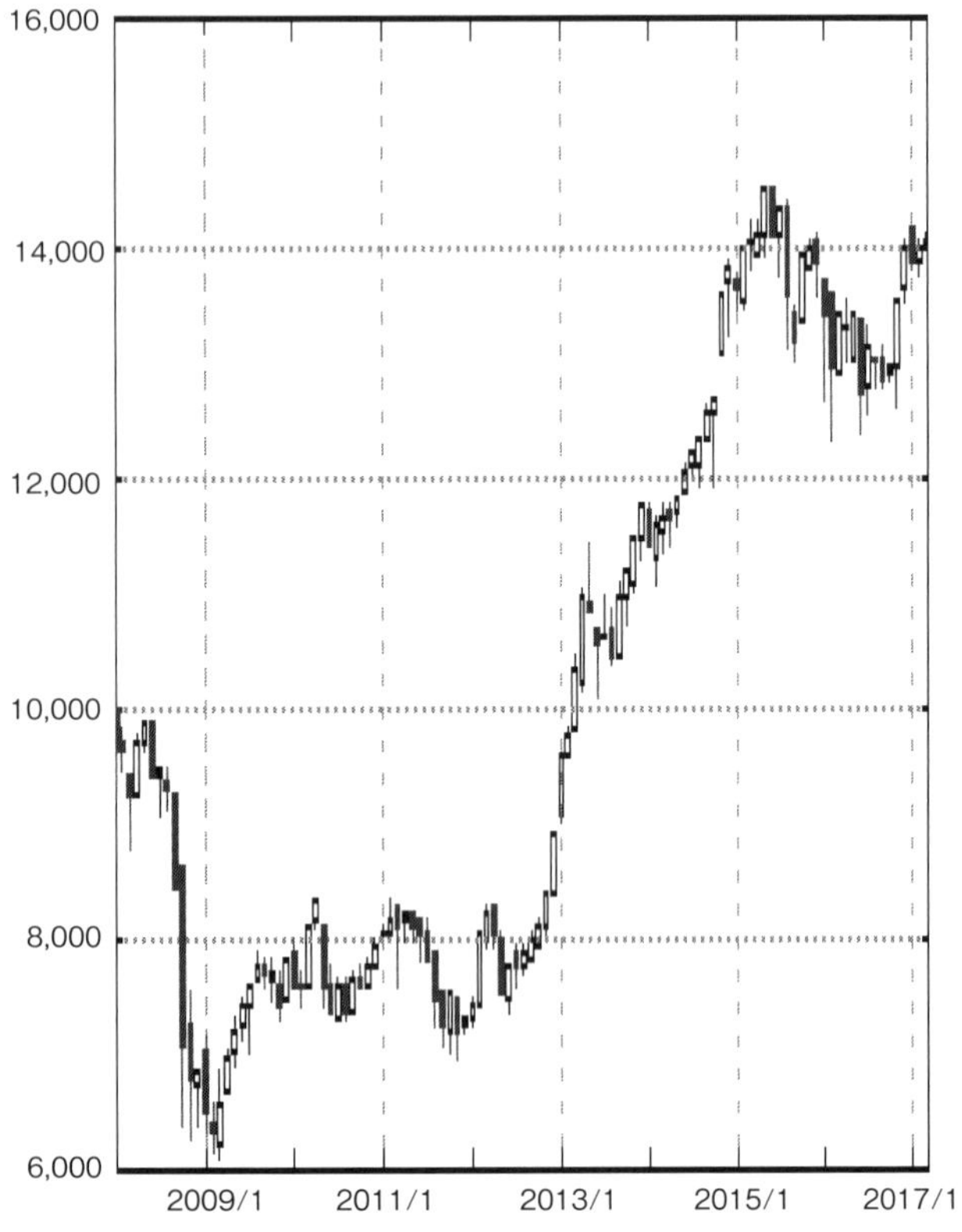
16,000
14,000
12,000
10,000
8,000
6,000
2009/1
2011/1
2013/1
2015/1
2017/1

オススメ
2 バランス型

SBI資産設計オープン（資産成長型）愛称:スゴ6

運営管理機関　SBI証券
運用会社　三井住友トラスト・アセットマネジメント

純資産残高　約252億円（2017年3月現在）　信託報酬　0.7344%

設定日　2008年1月　基準価格　14,064円（2017年3月現在）

トータルリターン（2017年2月末現在）

1年	3年	5年	10年
7.96%	6.51%	11.81%	—

出典：モーニングスター

特徴 主に、国内株式20%、外国株式20%、国内債券20%、外国債券20%、国内REIT（不動産投資信託証券）10%、外国REIT10%の割合で投資を行う。6資産にバランスよく分散投資し、中長期的に安定した収益獲得を目指す。信託報酬1%未満、申込み時の手数料ゼロと魅力的な低コストファンド。原則として、為替ヘッジは行わない。ファミリーファンド方式で運用。

中野晴啓のココがオススメ

6資産分散型の単純ポートフォリオですが、このファンドの強味は資金が安定していることです。また、ポートフォリオを見ると、このように国内外のREITも組み入れて運用するのは、悪くありません。地域別の組入比率を見ると、日本の組入比率が49.04%で最も高い点が気にはなりますが、他の国・地域を見ると、米国や英国、フランス、ドイツなど、世界主要国に幅広く分散しており、リスク分散には配慮されています。やや日本への投資比率を高めにしてグローバル分散投資したい人向けです。

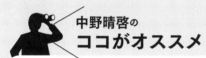

基準価額の推移

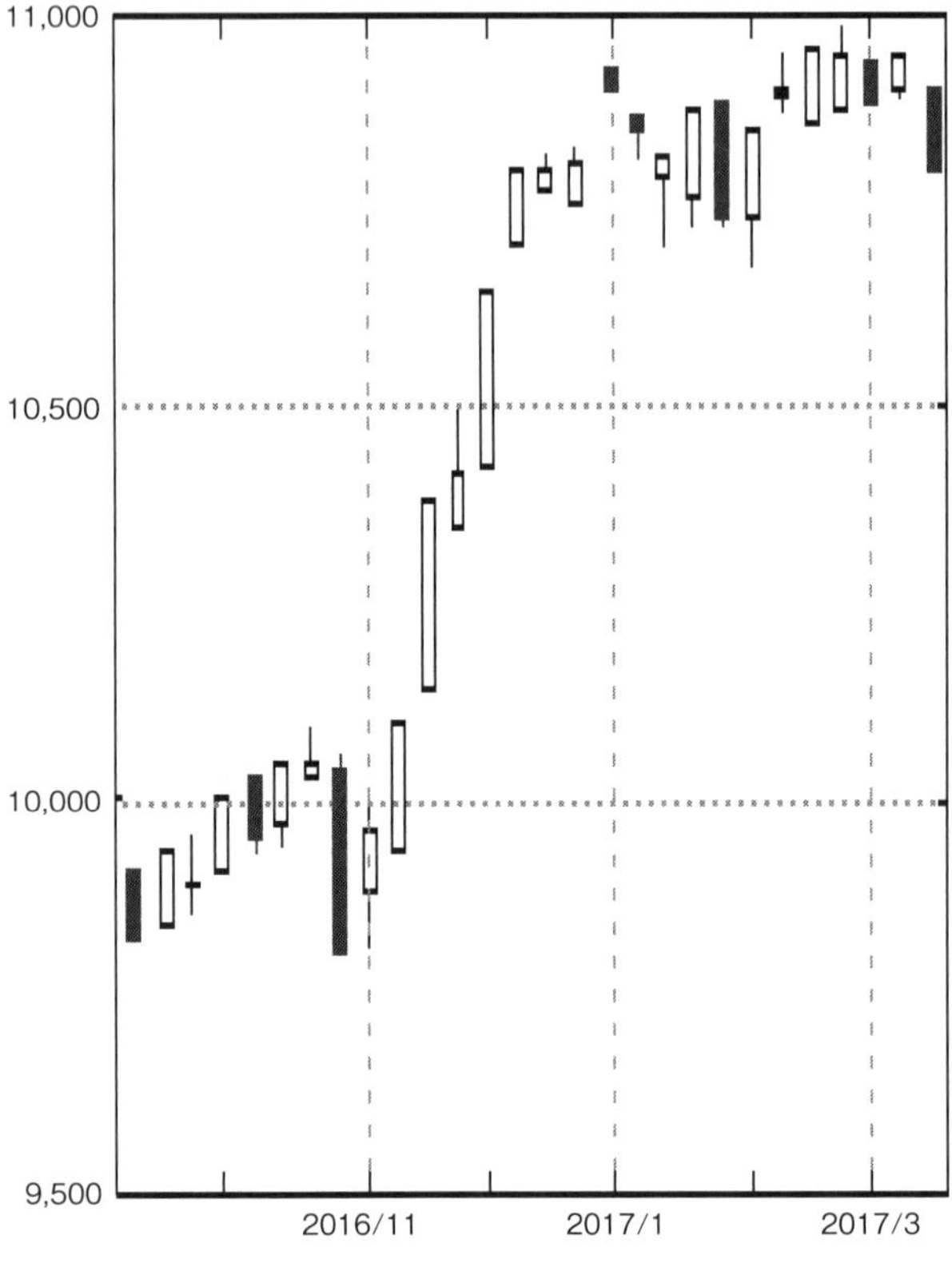

オススメ
3 バランス型

大和—iFree 8資産バランス

運営管理機関 SBI証券
運用会社 大和証券投資信託

純資産残高 約**22**億円（2017年3月現在）
信託報酬 **0.25**%

設定日 **2016**年**9**月
基準価格 **10,804**円（2017年3月現在）

トータルリターン（2017年2月末現在）

1年	3年	5年	10年
—	—	—	—

特徴 国内株式、先進国株式、新興国株式、国内債券、先進国債券、新興国債券、国内REIT（不動産投資信託）、海外REITなど、8つの資産クラスに投資する。各資産クラスの投資にあたっては、投資成果を特定の指数の動きに連動させることを目指して運用を行う。為替ヘッジは原則として行わない。ファミリーファンド方式で運用。9月決算。

中野晴啓のココがオススメ

国内外の株式、債券、REIT（不動産投資信託）という8資産に均等分散投資する単純ポートフォリオで運用するタイプです。国別の組み入れ比率では、株式、債券、REITの3資産合計で、日本が37.5%とやや高めになりますが、アセットクラスの分散を重視した考え方は理解できます。均等分散の安直な資産配分とはいえ、これだけの分散ポートフォリオで極端に低れんな信託報酬を実現した点は評価できます。ただし、国内外REITの比率25%は、ちょっと高すぎるので気になります。

基準価額の推移

11,500
11,000
10,500
10,000
9,500
9,000
2016/4
2016/6
2016/8
2016/10
2016/12
2017/2

オススメ
4 バランス型

eMAXIS最適化バランスシリーズ

※eMAXIS最適化バランス中「マイフォワード」を参考値として記載

運営管理機関　SBI証券
運用会社　三菱UFJ国際投信

純資産残高　約**35**億円（2017年3月現在）　信託報酬　**0.54**%

設定日　**2016**年**3**月　基準価格　**10,839**円（2017年3月現在）

トータルリターン（2017年2月末現在）

1年	3年	5年	10年
—	—	—	—

特徴 国内外の株式、公社債（新興国株式、新興国債券を含む）、およびREIT（不動産投資信託）に実質的な投資を行う。イボットソン・アソシエイツ・ジャパンが算出する最適化バランス（16%）指数に連動する投資成果を目指して運用する。実質組入外貨建資産については、原則として為替ヘッジを行わない。ファミリーファンド方式で運用。1月決算。

中野晴啓のココがオススメ

eMAXISの新シリーズで、米イボットソンが最適配分と称する指数を算出して資産配分を調整します。指数のトラックレコードがほとんどないのと、期待リターンごとに5種類のファンドがありわかりにくいのですが、基本的には全世界の株式、債券、および、REITに分散投資するタイプで、均等分散のものよりは運用会社としてのポリシーのあるファンドです。

基準価額の推移

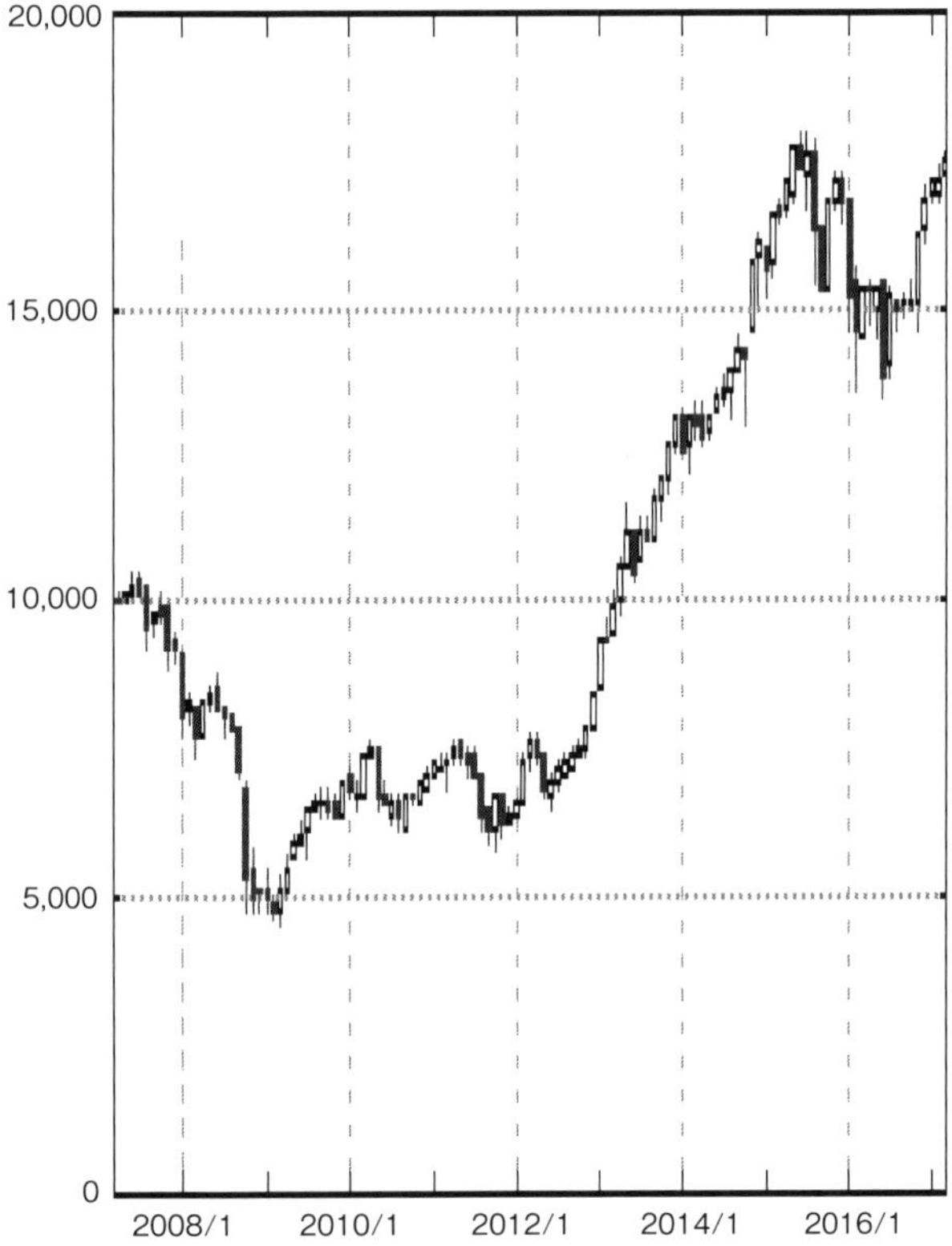

オススメ
5 株式アクティブ型

セゾン資産形成の達人ファンド

運営管理機関 楽天証券　**運用会社** セゾン投信

純資産残高 約**400**億円（2017年3月現在）　**信託報酬** **1.35**%±0.2%（税込／概算）

設定日 **2007**年**3**月　**基準価格** **17,607**円（2017年3月現在）

トータルリターン（2017年3月末現在）

1年	3年	5年	10年
14.70%	**10.41%**	**17.98%**	**5.70%**

出典：モーニングスター

特徴 主要投資対象は、国内外の投資信託証券。一貫した「長期投資」という投資哲学に基づいて運用されている投資信託証券への投資を通じて、長期的な資産の成長を図る。市場動向を勘案しながら、投資比率や投資タイミングを見極め、複数の投資信託証券に分散投資してアセットアロケーションを形成。原則として、為替ヘッジは行わない。ファンド・オブ・ファンズ方式で運用。12月決算。

中野晴啓の ココがオススメ

セゾン・バンガード・グローバルバランスファンドに比べると、かなりアグレッシブな運用を行います。投資先となるファンドは、すべてアクティブ型です。世界の経済環境が良好なときには、バランス型より高いリターンが期待できます。アクティブファンドを用いたファンド・オブ・ファンズなので、信託報酬率はバランス型より相対的には高めですが、2017年3月には年0.01%の引き下げを実施。ポートフォリオは、株式100%で運用していますが、株式市場の過熱によって有望な投資先が見つからない場合は、債券にシフトする機動性も有しています。

基準価額の推移

12,000
11,000
10,000
9,000
8,000
2016/4
2016/6
2016/8
2016/10
2016/12
2017/2

オススメ

6 株式アクティブ型

iTrust世界株式

運営管理機関　楽天証券
運用会社　ピクテ投信投資顧問

純資産残高　約**1.7**億円（2017年3月現在）　**信託報酬**　**0.9612**%

設定日　**2016**年**2**月　**基準価格**　**12,686**円（2017年3月現在）

トータルリターン（2017年2月末現在）

1年	3年	5年	10年
12.13%	—	—	—

出典：モーニングスター

特徴 世界的にブランド名が知られ、強力なマーケティング・販売網を構築していることで、高い競争優位性をもつグローバル優良企業の株式に投資。個別企業分析にあたっては、ボトムアップ・アプローチを重視した運用を行う。通貨・地域分散を考慮してポートフォリオを構築する。原則として、為替ヘッジは行わない。ファミリーファンド方式で運用。4月決算。

中野晴啓の ココがオススメ

日本では運用成績が真っ当な純粋グローバルアクティブ運用のファンドが非常に少ない中で、健闘している数少ないファンドの一つ。高い競争優位性を持つグローバル優良企業の株式に分散投資します。純資産残高が約1億7000万円と、ほかのファンドに比べて非常に小粒ですが、このファンドはマザーを持っており、そのトラックレコードには常にベンチマークを上回るリターンが見られます。信託報酬も、グローバルアクティブ運用では意欲的な低コスト。今後の成長に期待したいファンドの一つです。

基準価額の推移

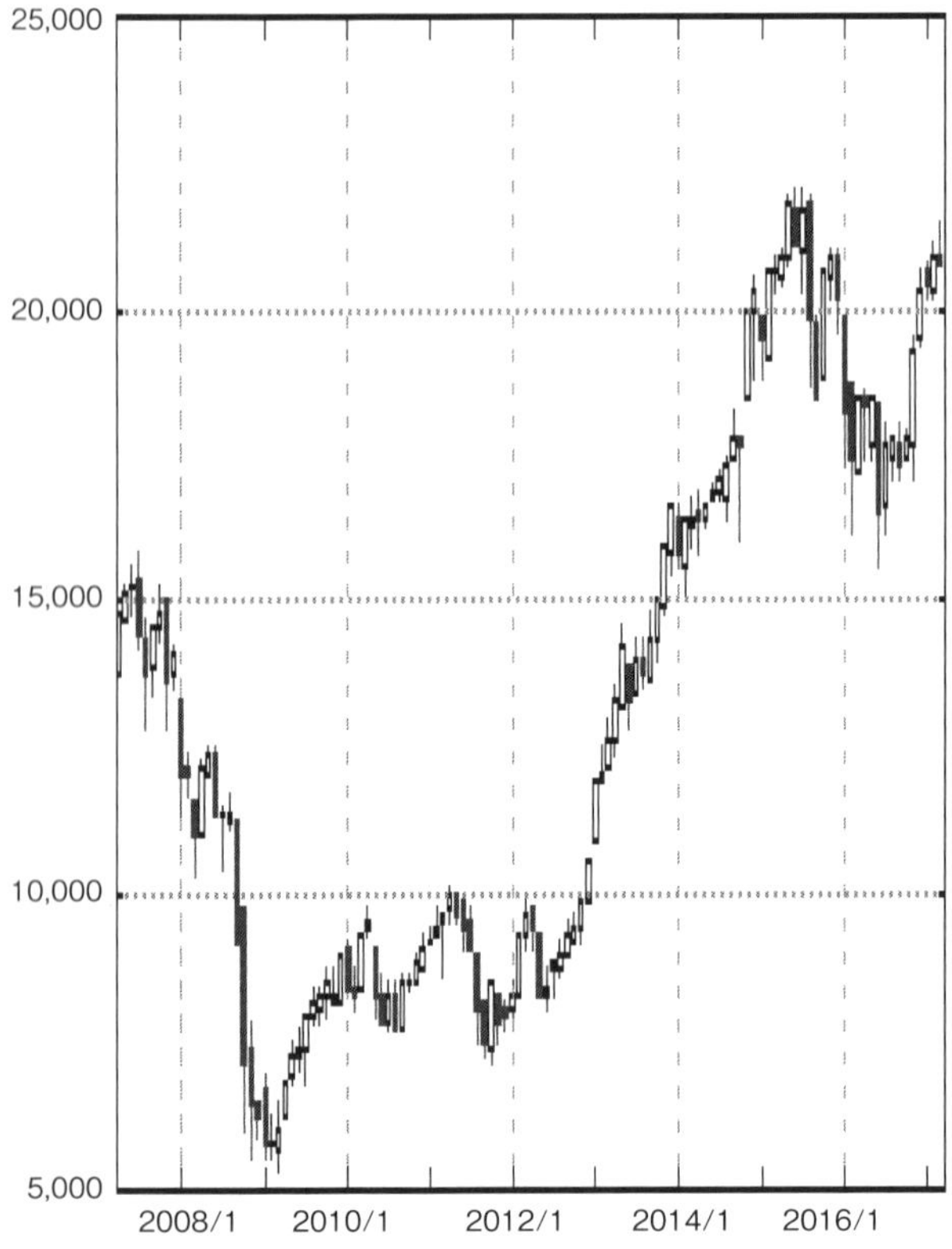

オススメ

7 株式アクティブ型

ラッセル・インベストメント 外国株式ファンド（DC向け）

運営管理機関　楽天証券、SBI証券
運用会社　ラッセルインベスメント

純資産残高　約**48**億円（2017年3月現在）　**信託報酬**　**1.46**%

設定日　**2005**年**8**月　**基準価格**　**20,720**円（2017年3月現在）

トータルリターン（2017年2月末現在）

1年	3年	5年	10年
19.52%	8.39%	17.38%	4.37%

出典：モーニングスター

特徴 日本を除く先進各国の株式で運用。運用スタイルの異なる複数の運用会社を組み合わせた「マルチ・マネージャー運用」を行い、ベンチマークであるMSCI KOKUSAI（配当込み）を中長期的に安定して上回ることを目指す。必要に応じて運用会社や目標配分割合の変更を行う。ファミリーファンド方式で運用。4月決算。

中野晴啓の ココがオススメ

国際分散のアクティブ型がそもそも我が国には極めて少なく、iDeCoのメニューの中では、10年超の運用期間と相対的に良好なリターンも積み上げており、日本株式を除く指数のベンチマークを持つのが難ですが、あえてセレクトしてみました。ラッセル社のマルチマネージャー方式は、セゾン資産形成の達人ファンド同様、グローバルアクティブ運用に適した手法だと考えます。

基準価額の推移

参考商品

DC世界経済インデックスファンド

運営管理機関　三井住友信託銀行
運用会社　三井住友トラスト・アセットマネジメント

純資産残高　約**293**億円（2017年3月現在）　**信託報酬**　**0.54**%

設定日　**2011**年**10**月　**基準価格**　**17,405**円（2017年3月現在）

トータルリターン（2017年2月末現在）

1年	3年	5年	10年
11.65%	**4.2%**	**9.1%**	—

出典：モーニングスター

特徴 主要投資対象は、国内、先進国、新興国の公社債、および株式（DR【預託証券】を含む）。基本組入比率は、地域別のGDP（国内総生産）総額の比率を参考に決定し、世界経済に占める各地域のGDPシェアの変化に応じて、年1回見直しを行う場合がある。原則として、為替ヘッジは行わない。ファミリーファンド方式で運用。1月決算。

中野晴啓の ココがオススメ

世界中に分散投資するならお勧めの1本です。純資産総額の推移がとても安定して増えているのもさることながら、アセットアロケーションに運用者側の理念が感じ取れます。地域別のGDP比率を参考にしてポートフォリオの比率を決めるのは、国際分散投資をする際のセオリーの一つだからです。また、信託報酬が年0.54%と割安なのも評価したいところです。

第5章

誰が、
どう使うのが一番よいのか

その31

スタートは早ければ早いほど、メリットがある

iDeCoに関して、よく聞かれることがあります。

それは、「どういう人に向いているのですか?」、「20代、30代、40代、50代で、それぞれどういうポートフォリオで運用すればいいのですか?」といった質問です。

これらの質問に答えを窮することがあります。というのも、**どういう人に向いているのかも、誰もが利用したほうがいい制度としかいいようがないからです。iDeCoを活用するのに、年代の違いはほとんどありません。**

ただ一つだけ、「これは絶対だ」ということがあります。

それは、**若いうちから(早く)始めたほうがいい、ということです。**

50代より40代、それよりも30代、20代というように、始める年齢が早いほど、

iDeCoによる資産形成効果は高いといえます。

ただ、20代というのは、私もそうでしたが、老後のことまで想像できないのが現実です。

今、50代のかたが20代だったころ、今のような状況をどこまで想定できていましたか。私が20代だったころは、日本全体がバブル経済で大盛り上がりしていた時期です。給料は右肩上がりで、株価も地価も大暴騰。1989年12月の新聞には、「日経225平均株価は将来、10万円になる」といった予想まで載っていました。資産価格上昇がバブルによるものだということを誰も認識せず、ただひたすら日本の未来は明るいと妄信していたのです。

そんな状況でしたから、老後のことなど考えるはずもありません。金融広報中央委員会の調査によると、50代で貯蓄ゼロ世帯が29％もあるのは、バブル経済を体験して、「なんとかなるでしょ」という根拠のない楽観主義でここまで来たからだと思います。だから、将来、自分が働けなくなったときの備えとして、自分の給料を原資として資産形成していくんだという認識を持てないまま、今に至っている人が少なくない訳です。

おそらく、今の若い人たちのほうが、今の50代の人たちよりも、自分の老後についてリアルなイメージを持っていると思います。そして、そのイメージは、ほぼ間違いなく正しいと思います。

２０１７年に大学を卒業して社会人になった22歳の人たちが、65歳で定年を迎えるのは43年後の２０６０年です。そのとき、**65歳以上の高齢世代人口を15～64歳の現役世代が支える比率は、高齢世代１人に対して、現役世代は１・３人です。ちなみに、日本が戦後、廃墟から立ち上がったばかりの１９５０年は、高齢世代１人を現役世代12・１人で支えていました**。

12・１人から１・３人へ。

これから本当に大変な時代になると思います。

前述したように、日本の社会保障制度は危機的な状況になるでしょう。年金も崩壊するとまではいいませんが、現在に比べて現役世代は負担が重くなり、年金を受給する高齢世代は、受給できる年金額が今よりも確実に減額されるはずです。しかも、受給開始年齢は、現在の65歳ではなく70歳、あるいは75歳くらいまで先延ばしになるでしょう。

だからこそ、今の20代に申し上げたい。

私たち50代世代は、「なんとかなるさ～」という根拠のない楽観主義でここまで来てしまいましたが、20代の皆さんは今から準備を進めないと、43年後に大変な状況を迎えることになります。だからこそ、できる範囲の金額でいいので、今からｉＤｅＣｏで積み立て投資を始めてください。

若いうちから始めるメリットは、とても大きなものがあります。

まず、**高い複利効果が得られること**。

複利効果がどういうものかについてはすでに説明しましたが、複利効果は運用期間が長くなるほど高まります。

例えば、年3％を1年複利で10年間運用した場合、100が134・39になります。これを年平均利回りに直すと、3・439％になります。

同様に、年3％を1年複利で30年間運用した場合、100が242・72になります。これを年平均利回りにすると、4・757％になります。

つまり、運用期間が長くなるほど複利効果が高まり、1年あたりの収益率がアップするのです。したがって、早く始めたほうが果実がたわわに実るのです。

2点目に、**長期的に成長していくものに投資していれば、目先の値下がりリスクは気にする必要はありません**。

投資信託は、値下がりリスクのある投資商品です。したがって、マーケットが値下がりすれば、それにともなって投資信託の基準価額も下落します。ただ、長期的に成長するものに投資を続けていれば、当然途中で下落することがありますが、長期的には、資産の成長に沿って価格もあるべき水準に収れんされてくるものなのです。

２００８年に起こったリーマンショックは、それこそ「１００年に1度」といわれるほどの大混乱が生じ、世界的に株価は大きく下落しましたが、その後、震源地だった米国の株価は、リーマンショック前の水準を回復するどころか、それを大きく上回る水準まで上昇しています。

例えば、米国を代表する株価指数であるS&P500は、リーマンショック前の高値が１５６５・１５ポイントで、その後、６７６・６３ポイントまで下落しましたが、現在は２３９５・９６ポイントまで上昇しました。

もし、運用期間が2年しかない状態でリーマンショックに直面したら、投資元本を回復できないまま、年金を受け取らざるを得なくなりますが、長期投資ができれば、途中で大きな値下がりに直面したとしても、その後の値上がりを気長に待つことができます。ましてや、iDeCoは毎月の積み立て投資なので、価格が下がった局面では安く仕込むことができるため、途中の相場下落はむしろウエルカムなのです。

こうした点からも、**若いうちから投資を始めるのは、さまざまな点でメリットがあるのです。**

その32

50歳を超えてから始める場合、NISAと組み合わせる

iDeCoの運用は、年が若いほどいいという話をしました。つまり、20代から始めるに越したことはないのですが、同時に、20代ではなくて30代、40代や50代からでは遅いのか、という疑問も出てくると思います。

40代や50代からでも、決して遅い訳ではありません。

ただ、年齢が後半になればなるほど、積み立てが終了する60歳の時点で築けるお金が少なくなります。だから、少しでも早いうちから積み立てをスタートさせる必要があるのです。何事も始めるのに遅すぎることはない、と私は考えています。30代でも、40代でも、50代でも今すぐにでもiDeCoをスタートさせるべきです。

ただ、**スタート時期が遅くなった人は、できるだけ月々の拠出額を多めにする必要があ**

ります。拠出限度額いっぱいに掛けたほうがいいくらいです。

実際、拠出限度額いっぱいに掛けたとして、どのくらいの積み立て額になるのかをシミュレーションしてみましょう。30歳、35歳、40歳、45歳を起点として、60歳まで掛けた場合、トータルでどれくらい年金がつくれるかという計算です。

ちなみに、期待収益率は年平均3％に設定します。掛金の額は、毎月2万3０００円です。

30歳スタート……１３３１万円
35歳スタート……１０２０万円
40歳スタート……７５１万８０００円
45歳スタート……５２０万４０００円

個人事業主であれば月額6万8０００円まで拠出できますから、さらに大きな額を積み立てることができます。

ｉＤｅＣｏは毎月５０００円から１０００円単位で、加入資格者の拠出限度額まで設定できます。つまり毎月５０００円でもいいのですが、それだと60歳になったとき、微々たるお金にしかなりません。

計算してみましょう。前出の事例と同じで、月々の拠出額を5000円にした場合です。

30歳スタート……291万3600円
35歳スタート……223万円
40歳スタート……164万1500円
45歳スタート……113万4800円

この金額で老後を迎えるのは、かなり厳しいといわざるを得ないでしょう。45歳からスタートして、60歳時点の総額が113万4800円では、老後の生活資金の足しにもなりません。

よく投資へのハードルを下げようと、少額資金での投資が可能であることが大きなメリットであるかのように喧伝するケースがありますが、そんなものはメリットでもなんでもないのです。特に、ある程度の年齢から資産形成を始めるという場合、できるだけ月々の掛金を引き上げる必要があります。

ましてや、50歳以降から始めると、iDeCoで資産形成するメリットが一段と小さくなります。

とはいっても、しないよりはましです。

50歳から60歳までの10年間で築ける資産の額は、毎月2万3000円の積み立てで、年平均3％の利回りで設定した場合、320万7000円。55歳からだと148万5000円です。

これで老後を迎えるにはいかにも心細い金額ですが、このような場合、ほかの非課税制度も併用するという手を考えるべきでしょう。

例えば、NISAや積み立て型NISAは、そういう場合にとても利用価値があります。**40代や50代でiDeCoを始めたものの、やはり60歳になった時点での資産額が心もとないという人も、積極的にNISAを利用するべきだと思います。**

NISAは2014年1月からスタートした非課税制度で、毎年120万円の非課税枠が設定されています。したがって、仮に毎月定額で積み立て投資をするなら10万円を上限に株式や株式投資信託を積み立てることができます。非課税期間は5年で、この間に発生した収益が非課税対象になります。したがって、120万円×5年で最大600万円の非課税枠を使うことができます。

仮に2017年に120万円の枠をいっぱいまで使って投資した場合、2021年に非課税期間の終わりを迎えますが、このとき、1回限りで2021年口座に乗り換えることができます。その結果、さらに、2025年まで収益非課税で運用できるのです。

ちなみに、NISAの口座開設可能期間は2023年までなので、2017年の口座から2018年の口座までは、5年の非課税期間が終了した時点で、新たに5年の非課税期間に乗り換えられます。

ただし、2024年以降は、現在の時点（2017年4月）でNISAの口座開設可能期間を先延ばしにすることは考えられていないようです。そのため、2019年口座、2020年口座、2021年口座については、新たな非課税期間に乗り換えることはできず、それぞれ5年が終了した時点で、非課税期間は終了となります。

したがって、2024年以降、2027年までは毎年、非課税枠で運用できる額が120万円ずつ減額され、2027年時点で120万円だけを残して全額非課税期間が終了となり、2028年以降はNISAも終了します。

なお、2018年1月から、新たに積み立て型のNISAがスタートする予定です。年間の非課税枠は40万円と、現行NISAに比べて低いのですが、非課税期間が2037年までとされているので、総額で800万円の非課税枠が認められる方向で話が進んでいます。

現行ＮＩＳＡは２０２８年以降なくなりますが、一方、年間40万円の限度額で積み立て型ＮＩＳＡに乗り換えられるよう、制度が整備されるようです。ちなみに、２０１８年から２０２３年までは、現行ＮＩＳＡと積み立て型ＮＩＳＡが併存しますが、いずれか一方だけしか選択できません。

仮に２０１８年から積み立て型ＮＩＳＡを活用して積み立てを進めていけば、老後資金はある程度安泰でしょう。

２０１７年時点で50歳の人が、ｉＤｅＣｏに加入したとしましょう。そして、２０１８年からは積み立て型ＮＩＳＡにも加入し、毎月の積み立て金額はそれぞれ非課税枠をめいっぱい使うことにします。つまり、ｉＤｅＣｏは２万３０００円、ＮＩＳＡは３万３３３３円ですが、ＮＩＳＡは端数が生じていますので、ここでは便宜上３万円とします。合わせて毎月５万３０００円を、年平均利回り３％での運用を想定します。

ｉＤｅＣｏで積み立てられる金額は、３２０万７０００円。積み立てが可能なのは60歳までなので、ｉＤｅＣｏについてはこれ以上、資金が殖えることがありません。

一方、積み立て型ＮＩＳＡは、毎月３万円ずつ10年間積み立てる場合、４１８万３０００円になります。つまり、60歳を迎えた時点で、非課税枠で運用できる金額は合計で７３９万円になります。

なお、iDeCoもNISAも夫婦で加入できますから、結婚されている家庭なら、単純に739万円×2人で計算すると、1478万円の年金資金をつくることができます。

1478万円はゆとりある老後に決して十分な金額とはいえませんが、さらに運用を続けつつ、一定額を取り崩すというスタイルで、ある程度お金を持たせることができます。もし、1478万円を年平均3%で運用しながら、毎月5万円ずつ取り崩していくと、1478万円がなくなるまでには44年と2カ月がかかります。つまり、夫婦ともに平均寿命を超えても、資金は底を尽きません。

ある程度、年齢が上がってからの資産形成は、非課税口座をフル活用して、できるだけ多くの金額を積み立てるように心がけることが大事なのです。

その33

iDeCoに加入できない人もいる

今回の法改正によって、iDeCoは「誰でも入れるうれしい非課税制度」というイメージが定着してきましたが、実は例外もあります。つまり、iDeCoを活用できない人もいるのです。

①農業者年金の被保険者、②国民年金の保険料納付の免除を受けている人は、加入資格がありません。このところ、「国民年金なんて国の詐欺行為に近い。だから入らない」という国民年金未納者が、若手や自営業者を中心に増えており、それが社会問題化しています。

「文句は加入して保険料を払ってからいえ」という気もしますが、国民年金保険料は払いたくないけれども、自分が積み立てて運用したお金を自分が受け取るのであれば納得できるので、iDeCoには加入したいなどという虫のいい話は認められていないのです。

また、今回の法改正では、60歳未満の厚生年金の被保険者（国民年金の第2号被保険者）で、勤務先が企業型確定拠出年金を導入していたとしても、iDeCoを利用できるようになりましたが、実際に利用するには少しハードルが高そうです。

なぜかというと、企業型確定拠出年金と個人型のiDeCoを併用するためには、勤務先が企業型確定拠出年金の拠出額を引き下げ、iDeCoとの併用を認めなければならないからです。

現在、企業型確定拠出年金の拠出限度額は、確定給付年金がない場合は月5万5000円、確定給付年金がある場合は月2万7500円と決められています。仮に前者の場合、iDeCoで毎月2万円を拠出するには、勤務先に企業型確定拠出年金の拠出限度額を、5万5000円から3万5000円に引き下げることを認めてもらう必要があります。

認めてもらえない場合、残念ながらiDeCoの利用はできませんが、第2号被保険者で、すでに企業型確定拠出年金に加入している場合、勤務先が契約している運営管理機関が、よほどひどい商品ラインナップしか取り揃えていない限り、あえてiDeCoに加入する必要はありません。

ちなみに、企業型で運用するかたは、自分で運営管理機関を選べない訳ですが、今あるメニューの中で最もましだと思うものを一生懸命選んで、長期積み立て投資を実践してください。

その

34

専業主婦は大っぴらにへそくりを増やそう

今回の法改正で、新たにiDeCoの加入対象者になった国民年金の第3号被保険者、**つまり専業主婦（夫）ですが、iDeCoを使ってへそくりを殖やせるチャンスだと思います（ここでは専業主婦をイメージしてお話しします）**。

働いて給料を持ってくるのは、夫。その給料から自分の銀行口座にいくばくかのお金を移して、それを毎月積み立てていけばいいのです。もちろん、夫の勤務先が企業型確定拠出年金を導入していなければ、夫婦揃ってiDeCo仲間です。

「これからは老後が大変になるから、2人で一緒にiDeCoのセミナーを受けてみましょうよ」

「やっぱり、もっとお金を貯めなきゃならないわね。家計的には苦しくなるけれども、せっかくの機会だから、2人で限度額一杯まで積み立てましょう」

などといえば、夫は「お〜、2人の老後のことをよく考えてくれているんだな。2人で協力して老後の資金を作らなきゃな」などといって、自分の給料から夫婦で4万6000円の積み立てを始めるはずです。

でも、そう思っている男性諸氏は、すでに妻が仕掛けているトラップに引っ掛かっているともいえます。

もちろん、このまま何事もなく無事に定年を迎え、夫婦の仲も睦まじいままというのであれば、なんの問題もありません。iDeCoで作った老後の資産を、2人の豊かな第二の人生に使えばいいでしょう。

ところが、世の中そうは上手くいきません。今、熟年離婚が増えています。熟年離婚とは、婚姻生活を20年以上続けたうえでの離婚を指すそうですが、まあ、長年一緒にいてわかり合えていたと思うのは、実は錯覚だったりするのかもしれません。

そして、熟年離婚する場合に一番問題になるのが、財産分与の話です。住宅、預貯金、そのほか、今持っている資産は、夫婦2人が力を合わせて築いてきたもの、という考え方から、離婚の際はその資産を二分するという決まりになっています。

つまり、会社や役所に勤めてきた人の場合、厚生年金の報酬比例部分を二分しなければなりません。

これを「年金分割」といいます。ここでよく誤解があるのですが、あくまでも報酬比例部分を二分するのであって、夫が受け取る年金額全体を二分するのではありません。また基礎年金（国民年金）部分については、夫婦それぞれに帰属する年金なので、この部分は年金分割の対象外です。

ここでいよいよ本題に入りますが、iDeCoによって積み立てられてきた年金は、基礎年金部分と同様に、年金分割の対象外です。つまり、60歳になるまで積み立ててきた分は、全額が自分たちのものになるのです。

したがって、**妻の側からすれば、夫が現役時代から、その給料の一部をiDeCoできちんと積み立てておけば、熟年離婚という事態になったときでも、ある程度の資産が築けているから安心、ということになります。**

最近は晩婚化が進んでいますから、下手をするとiDeCoで積み立てられる期間が短く、その分だけ年金額も少なくなるリスクはありますが、もし20代で結婚したのであれば、なるべくｉＤｅＣｏで自分の年金を確保するべきでしょう。

もっとも、最近は専業主婦自体が減っています。共働きでないと家計を賄うことができないという厳しい時代なのかもしれません。共働きを続けていくのであれば、財産分与で神経質になることもありませんが、もし専業主婦になることを前提で結婚するならば、ｉＤｅＣｏで自分だけのへそくりをつくるようにしてください。世知辛い話ですが、熟年離婚によって、生活苦に陥る女性も多いと聞きます。でも、ｉＤｅＣｏで自分だけの資産が１０００万円くらいつくれたら、熟年離婚したとしても、当座、必要な生活費は賄えます。

特に専業主婦のかたには、自分の未来のリスクヘッジとして、ぜひともｉＤｅＣｏの活用をお勧めする次第です。

第6章

きんゆう女子。の疑問に、積立王子が答える

iDeCoのなぜなにQ&A

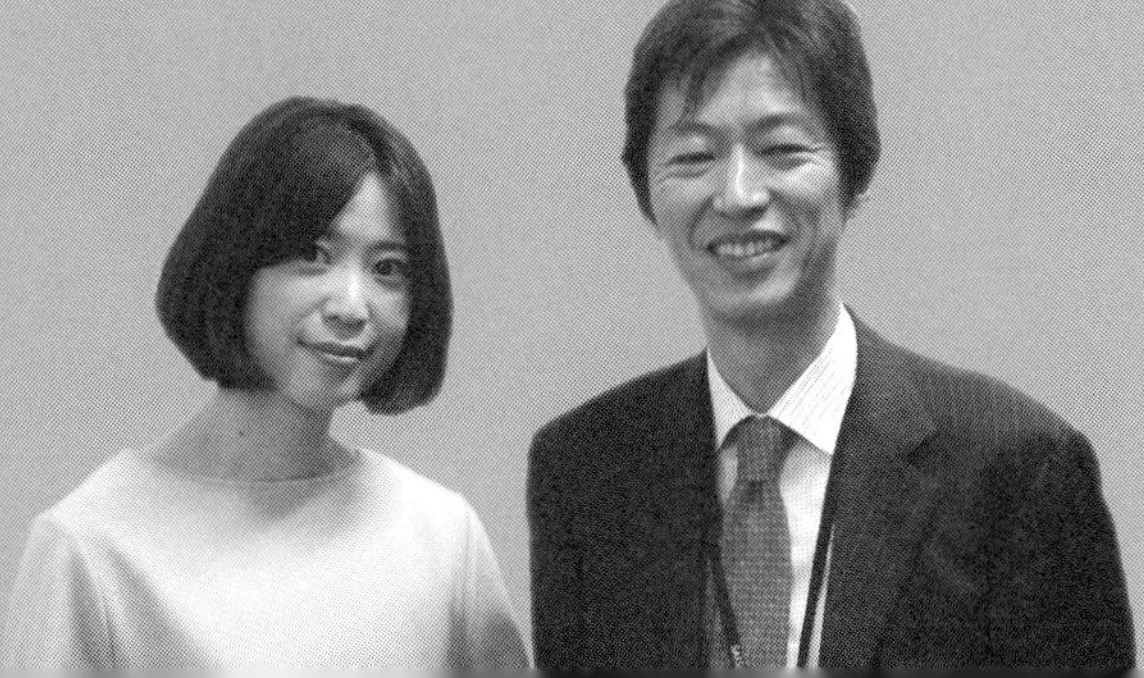

本書の最後に、日本の投資の聖地、東京・兜町《かぶとちょう》でも話題の「きんゆう女子。」の代表、鈴木万梨子《すずきまりこ》さんとの対談をお送りします。

鈴木さんは、旅行代理店で社員旅行などの法人担当に従事した後、独立を目指しFinTech企業で勤めていたときに、金融の難しさやわかりにくさに衝撃を受けて生まれた「きんゆう女子。」という金融ワカラナイ女子向けのコミュニティを運営しています。

ちなみに私は、鈴木さんが理事長を務めている「私立きんゆう女子。学院」の校長を拝命しました。金融に詳しい女性が増えるように、がんばってまいりたいと思います。

さて、その鈴木さんに今回は、390名で構成されているきんゆう女子。メンバーから、iDeCoに関する素朴な疑問を集めてもらいました。本編では書き切れなかった素朴な疑問をぶつけてもらい、それに答えていきたいと思います。

鈴木万梨子さん

Q1 iDeCoって、どこまで私たちに関係しているんですか

ほぼすべての日本人に関係していることだと思います。iDeCoに関しては、厚生労働省と金融庁がタッグを組んで普及を目指しています。日本のお役所というのは縦割りで、異なる省庁が横断的にコラボして、なにかを行うことは通常あまりないことです。ところが、今回は2つの省庁がタッグを組みました。その真意を、私たちは理解しなければなりません。

それは、**国が私たちに「自分の身は自分で守りなさい」というメッセージを送っているのです**。本来、政府は国民を守るために存在している訳ですが、日本という国の構造が変化してきた結果、これまで私たちが当たり前のように享受してきた、医療や年金などの社会保障について、その質と量を劇的に減らさないと、制度そのものが維持できなくなってきたのです。その背景には、少子高齢化による人口減少があります。

とはいえ、社会保障制度をまったくなくす訳にはいきません。もし、そのようなことをしたら、お金持ちはじゅうぶんな医療を受けられるのに、普通の人たちはまったく受けら

れなくなります。つまり、社会格差が一段と広がってしまうのです。だから、最低限の社会保障は残さなければなりません。

年金も同じです。

政府が今、iDeCoの普及に力を入れているのは、日本の年金制度がこのままだと維持できなくなるからです。もちろん、政府は私たちに対して、単に負担を強いているだけではありません。**自分たちで資産形成をしてもらう代わりに、税制面のメリットを付与してくれたのです。いうなれば、この節税メリットは国民が享受して当然のものなので、iDeCoにしてもNISAにしても、やらないのは損なのです。**

Q2 メリットばかりが前面に打ち出されていますが、デメリットってないのですか

あります。これは考え方によってはメリットなのですが、おそらく、多くの人にとってデメリットだと感じるでしょう。

それは60歳以降にならないと、積み立てた現金を引き出せないことです。

同じ非課税制度でも、NISAの口座で投資しているものについては、いつでも解約して現金を引き出すことができます。ただし、2017年の口座で買ったものの一部を売却しても、再び2017年の口座で買いつけられないのがNISAの使い勝手の悪さでもあるのですが、やはり、いつでも現金を引き出せるという安心感はあると思います。

対してiDeCoは、「年金」であり、老後の生活に必要な資産形成を行うための制度です。ですから、60歳になる前に、たびたび解約されてはなんのためのiDeCoなのかわからなくなります。したがって、iDeCoには厳しい中途解約制限が課せられているのです。

でも、人間は非常に意志の弱い生き物ですから、60歳まで資金の引き出しができないのは、ある意味、資産形成を進めていくうえでは有効だと思います。いつでも解約できるような制度だったら、いつまで経っても老後の資産形成はできないでしょうから。

なので、**iDeCoについて中途解約ができないというのは、ある意味で非常に合理的なのです。**

Q3 若いうちは手取りのお給料も少ないので、老後の準備のために投資するのはまだ早い気がするのですが

前述したように、これからは今までのように年金をもらうことはできません。多くの人は、それに気づいていると思います。

だとしたら、「自己投資したほうがトクではないのか」とか、「もっとお給料が増えてから始めよう」、あるいは「生活費がギリギリだから、もう少し余裕ができてから始めよう」といった考え方は、すべてナンセンスといってもいいと思います。**どんな世代の人も、どのようなステージの人も皆、利用するべき制度なのです。**

先般、金融庁が「貯蓄から投資へ」というスローガンを、「貯蓄から資産形成へ」というい方に切り替えました。こうした言葉が、メディアを通じて世間に広められているため、なんとなく、世の中がそういう方向に進んでいることはおわかりいただけるかと思います。iDeCoを広めるために、さまざまな啓蒙活動が行われているのは、結局のところ「やるやらないは皆さんの自由です。ただ、やらなければ自分の資産は殖えません。そ

れでもいいのでしょうか」という政府からのメッセージが根底にあります。
ただ、世の中全体の流れを見ていると、そういう流れであることはわかっているにもかかわらず、多くの人はそこから先に思考が進まない、つまり、思考停止の状態にあります。なぜでしょうか。おそらく多くの人が、日本という国の将来を、今を前提に考えてしまっているからだと思います。当然、かつての高度経済成長期のような高い経済成長率が再現できるとは思っていないでしょうが、逆に今の日本が下り坂に入っていることも、イメージできていないのだと思います。実際、そんなに無理して働かなくても、ほどほどに楽しいこともできますから、「今のままでいいじゃん」という気持ちが蔓延するのも、仕方がないのかもしれません。

将来がどうなるかなんてことは、誰にもわかりません。ただ私たちが生きている社会に人生を委ねている以上、社会全体が下り坂になったとき、そこに生きている人々も、下り坂の人生を余儀なくされます。今回、国がiDeCoの普及に躍起になっているのは、これからの日本が下り坂に入っていくというネガティブシナリオを想定しているからです。

こうしたなかで、とりあえず下り坂の波に巻き込まれずにすむには、どうすればいいのか。それには、相当の努力が必要になります。高度経済成長期には、誰もなにも考えずとも生活水準は上昇していきましたが、今のように低成長どころか、むしろ経済全体が縮小していくなかでは、本当に努力をしていかないと、どんどん生活水準は落ちていきます。だからこそ、お給料が多いか少ないか、自分がどのステージに立っているのか、といったこととは関係なく、誰にでも平等に訪れる老後に備えて、自助努力をしていく必要があります。そのためのツールがｉＤｅＣｏなのです。

また、現在の年齢が20代、あるいは、30代前半の人にとって、老後はまだ30年後、40年後の話なので、ピンと来ない気持ちもよくわかります。そんな先のことよりも、まずは今の自分をどう確立させていくかが大事だという気持ちも、よくわかります。

今は現役バリバリで働いていて、自分は一生仕事をしていきたいと考える女性が増えているのも事実です。でも、これはよく考えてほしいのですが、80歳、90歳になったら、おそらく今のようには働けなくなるでしょう。ところが、平均寿命はどんどん伸びており、このままだと人生90年どころか、人生１００年も当たり前になりつつあります。

人生を生きていくためには、お金が必要です。これは厳然とした事実です。

ところが、基本的に自分が働いてお金を稼ぎ出せるのは、せいぜい65歳か、もって70歳まででしょう。これまでは働けなくなったら、公的年金制度によって生活を支えてもらえました。日本の年金は賦課方式といって、高齢世代を複数の現役世代が支える形になっています。その仕組みを維持するのが将来的に厳しくなりますから、65歳以降の生活に必要なお金は、自分自身で手当てしていくしかないのです。

そういう時代背景も含めたうえでのｉＤｅＣｏですから、これはもうなにがなんでも加入しておくべきだ、ということになるのです。

Q4 自分のスタイルに合った投資は、どうすれば見つかるでしょうか

「自分のスタイルに合った投資」とは、金融機関に勤務している人にいわせれば、「一人ひとりのリスク許容度をきちんと分析したうえで、投資商品を選択しましょう」という話です。

ただ、これは私の感覚でいうと、物凄く馬鹿げた話なのです。

おそらく、私も含め、多くの人は、自分のことさえそれほどよくわかっていないものです。それなのに、自分のリスク許容度を把握しようなんてことは、土台無理な話なのです。

したがって、そこを突き詰めて考えること自体、意味がないと考えています。

自分のスタイルなんてものは、次の３つの分類から自分に最も近いと思えるものを覚え

ておけばいいでしょう。

第一は、なんでも自分でやって、自分で成果を出さないと気がすまないタイプです。こういう人は総じてリスク許容度が高く、自分の判断でどんどん売り買いを繰り返していきます。投機的なタイプで、トレーダー向きでしょう。

第二は、たった1円でも減らすのが嫌だというタイプです。まったくリスクを取りたくないということで、この手のタイプの人は、ひたすら預貯金の残高を積み上げていきます。もちろんリスク許容度は限りなく低く、投資には最も不向きです。

第三は、お金についてよくわからないので勉強をしなければと思ってはいるけれども、面倒だと思っているタイプです。

おそらく、多くの人はこのタイプでしょう。そして、このタイプの人に最も向いているのが、投資信託なのです。

Q5 掛金の変更、投資商品の変更、あるいは運営管理機関の変更は可能ですか

すべて可能です。前述したように、iDeCoは60歳になるまで現金を引き出すことができず、その点は不自由ですが、ほかは意外と自由というか、随時変更が可能です。

例えば、掛金は5000円以上から1000円単位で、拠出限度額まで掛けることができますが、途中で掛金の負担が厳しくなるケースもあるでしょう。そういう場合は掛金の額を変更するという手があります。毎年4月から翌年3月までの間に1度だけ、掛金を変更できます。

また、掛金の積み立ての一時休止、再開はいつでも可能です。これらのやりとりは、コールセンターに連絡して必要書類を取り寄せて提出します。その書類のやり取りなどで、実際には1~2カ月程度の時間がかかってしまいます。したがって、掛金の変更は可能とはいえ、いくぶん機動力に欠けるのが難点です。

次に投資商品の変更ですが、これは「配分変更」と「スイッチング」の違いを覚えておいてください。

配分変更とは、毎月の掛金で買いつける投資商品の比率を変更するというものです。例えば、投資信託Aに70％、投資信託Bに30％という配分比率だったのを、投資信託Aを30％、投資信託Bを70％に変更するというケースが、これに該当します。

次にスイッチングですが、これは現在保有している投資商品を解約し、別の投資商品に乗り換えるというものです。

こうした運用指図は、運営管理機関のホームページやコールセンターを通じて行います。ただスイッチングについては、法律によって3カ月に1度の割合で指図ができるように定められていますが、回数に制限を課しているケースもあるので、運営管理機関に確認するようにしてください。

そして、**運営管理機関の変更ですが、これはもし、自分が今使っている運営管理機関のコストが割高とか、いい運用商品がないという場合には、即座に変更することをお勧めします**。変更する際は、変更先となる新しい運営管理機関から「運営管理機関変更届」を取り寄せ、必要事項を記入したうえで返送します。

書類を提出した後、運用商品を解約して現金化したり、資産や記録の移管処理が行われたりする関係上、すべての手続きが完了するまでには、2～3カ月程度の時間が必要です。

このように、運営管理機関の変更には、手間と時間がかかります。初めて申し込みをす

る人は、長期でおつきあいできるところをできるだけ慎重に選んでから、始めるのがいいでしょう。

Q6 運営管理機関が破たんしたら、どうなるのでしょうか

基本的に、運営管理機関が破たんした場合も、投資信託の運用資産の管理は信託銀行が行っているので、破たんによって運用資産に毀損が生じるリスクはありません。また、預金商品や保険商品を提供する金融機関が破たんした場合は、預金保険機構や生命保険契約者保護機構の取扱いに準じるという決まりがあるので、いずれにしても、運用資産は極力、保全される方向で処理が進められます。

とはいえ、運営管理機関を別なところに移管させなければならないという手続きがあり、これに時間を要することも考えられます。最近は、かつてのように金融破たんが相次ぐ状況ではありませんが、やはり、**運営管理機関の信用力には注意しておいたほうがいいかもしれません。**

また、昨今は地方銀行の合併が相次いでいます。合併に伴って、運用商品は合併した運営管理機関のものがすべて取り扱われるのか、それとも、商品の整理が行われるのか、実際に事が起こっていないのでなんともいえませんが、今後、特に地方銀行の合併が相次ぐなか、異なる運営管理機関が合併した際の処理をどうするのかは、加入者にとっても気になる問題です。

Q7 掛金を引き落とす銀行口座に残高がなく、引き落としできなかった場合、翌月に2カ月分をまとめて引き落としてもらうことは可能ですか

普段から普通預金口座に潤沢な資金を預けている人はともかく、多くの人にとっては、この手のうっかりミスは当然ありそうですよね。携帯電話の料金、光熱費、家賃など、いろいろなものを引き落としていったら、いつの間にか自分の口座に現金がなくなっていて、iDeCoの月々の引き落としにまでお金が回らなくなったというケースは、誰でも経験しそうなものです。

この場合、iDeCoについては翌月に2カ月分をまとめて引き落としてもらうことはできません。したがって、引き落とせなかった月は、積み立てがなかったものとして処理されます。

ちなみに、iDeCoの掛金は原則、毎月26日が引落し日になります。また、26日が金融機関の休業日である場合、その翌営業日に引き落とされます。ですので、**毎月26日が近づいてきたら、引落し口座に少なくとも指定した拠出金額にじゅうぶんなお金があるかどうかは、きちんと確認しておいたほうが無難です。**

Q8 iDeCoの加入者が亡くなった場合、それまで掛けてきた積み立て金はどうなるのですか

遺族のかたが請求をすれば、一時金として受け取ることができます。ただし、死亡一時金はあくまでも相続財産ですから、相続税の課税対象になります。

Q9 60歳で積み立てが終わった後、どのようにして積み立てたお金を受け取ればいいのでしょうか

ｉＤｅＣｏの場合、掛金については全額が所得控除になり、年末調整でお金が戻ってくるとか、運用益に対して課税されないので、複利効果でお金が大きく殖えるといった点にばかり注目が集まりがちなのですが、**大事なのは出口戦略です。出口とは、それまで積み立ててきたお金を受け取る段階のことです。**ここで多額の税金を課せられてしまっては、なんのための所得控除なのか、あるいは運用益に対する非課税なのか、わからなくなってしまいます。

60歳以降受け取るお金を、「老齢給付金」といいます。老齢給付金は一時金、もしくは年金として受け取ることができます。老齢給付金の請求先は、顧客情報を管理している記録関連運営管理機関（レコードキーパー）に連絡すれば、老齢給付金を受け取る手続きが取られます。

ここでポイントになるのが、老齢給付金の受取方法です。

受取方法としては、積み立てたお金をまとめて受け取る「一時金」か、もしくは定期的

に一定額を受け取っていく「年金」のいずれを選ぶかのどちらかです。それによって控除の仕方が変わってきます。一時金の場合は「退職所得控除」が、年金の場合は「公的年金等控除」が適用されます。

一時金で受け取る場合の税制メリットは、退職所得控除が受けられることです。企業型確定拠出年金の場合、勤続年数によって退職所得控除の金額が変わってきます。計算式は、次のようになります。

勤続年数が20年以下の場合……40万円×勤続年数（80万に満たない場合、80万円）

勤続年数が20年超の場合……800万円＋70万円×（勤続年数—20年）

ちなみに、iDeCoの場合、勤続年数ではなく積み立て年数を当てはめます。当然、積み立て年数が長くなるほど、控除の額は大きくなります。

一方、年金で受け取る場合、公的年金等控除の対象になります。雑所得扱いになり、他の公的年金などの収入額と合算したうえで、控除の対象になります。65歳未満の場合は、公的年金等収入の合計額が70万円まで、65歳以上になると120万円まで税金が掛かりません。

［略歴］

中野晴啓（なかの・はるひろ）

セゾン投信株式会社代表取締役社長

1963年、東京都生まれ。1987年、明治大学商学部卒業後、クレディセゾン入社。セゾングループの金融子会社にて資産運用業務などに従事後、投資顧問事業を立ち上げ、運用責任者としてグループ資金の運用のほか、海外契約資産などの運用アドバイスを手がける。その後、クレディセゾンインベストメント事業部長を経て、2006年、セゾン投信株式会社を設立。2007年4月より現職。2本の長期投資型ファンドの運用・販売を行っている。両ファンドを合わせた純資産残高は、約1700億円（2017年3月末現在）。取り扱いファンドである「セゾン資産形成の達人ファンド」は、3年連続「R&Iファンド大賞」最優秀ファンド賞を受賞。公益財団法人セゾン文化財団理事、公益財団法人クロスボーダー・ウィング評議員、ＮＰＯ法人元気な日本をつくる会理事。

著書に『年収500万円からはじめる投資信託入門』（ビジネス社）、『投資信託はこの9本から選びなさい』（ダイヤモンド社）、『退職金バカ』（講談社＋α新書）などがある。

個人型確定拠出年金iDeCoで選ぶべきこの7本！

2017年5月1日　　第1刷発行

著　者　中野晴啓

発行者　唐津 隆

発行所　株式会社ビジネス社

〒162-0805　東京都新宿区矢来町114番地 神楽坂高橋ビル5F

電話　03(5227)1602　FAX　03(5227)1603

http://www.business-sha.co.jp

〈編集協力〉鈴木雅光（JOYnt）

〈カバーデザイン〉ドットスタジオ　〈本文組版〉エムアンドケイ

〈印刷・製本〉中央精版印刷株式会社

〈編集担当〉伊藤洋次　〈営業担当〉山口健志

ISBN978-4-8284-1952-7